Sabine Bomeier

Gedöns aus Knast und Politik

nicht ganz ernst gemeinte kleine Berichte

Über die Autorin

Sabine Bomeier war inhaftiert und arbeitet nun in der Politik. Das Leben lässt die Menschen eben manchmal unerwartete Wege beschreiten. Aber damit ja keiner auf komische Gedanken kommt: Beides hat nichts miteinander zu tun und geschah nacheinander, erst Knast, dann Politik. Und im Letzteren ist die Autorin, wenn auch von Herzen überzeugt, so doch nur in der zweiten Reihe zu finden, ganz unauffällig. Das soll auch so bleiben.

Sowohl im Knast als auch in der Politik hatte und hat sie immer wieder die Gelegenheit, ihre Mitmenschen zu beobachten und darüber zu schreiben. „Ich kann eh nichts anderes, also, nichts anderes als schreiben", sagt sie.

Gedöns aus Knast und Politik

nicht ganz ernst gemeinte kleine Berichte schon gar nicht politisch korrekt und natürlich alles frei erfunden

2017
Sabine Bomeier
Herstellung und Verlag:
BoD-Books on Demand, Norderstedt
ISBN: 9783746012766

Inhalt

Alltag im Knast   9

Der eifrige Schließer Schulze   28

Briefe des Schließers Schulze   68

Kommen wir nun zur Politik   73

Noch ´ne Putze   106

Politik im Allgemeinen   117

Vorwort

Dass eine ehemals Inhaftierte irgendwann als Mitarbeiterin in der Politik landet, mag seltsam anmuten, aber das Leben lässt uns manchmal Wege gehen, die für niemanden vorhersehbar sind. Beide Bereiche, sowohl die Politik als auch das Leben hinter Gittern, sorgen zuweilen für eine meist unfreiwillige Komik. Diese ist schon deshalb unfreiwillig, da in beiden Bereichen Menschen leben oder arbeiten, die im Allgemeinen lieber ernstgenommen werden wollen. Genau das aber fällt stillen Beobachtern nicht immer ganz leicht. Und man will ja auch nicht immer nur beobachten, man will ja auch mal drüber reden... Das geschieht mit diesem Buch, denn das Schreiben über die Dinge ist die Ausdrucksform stiller Beobachter. Natürlich haben sich die in diesem Büchlein geschilderten Anekdoten nicht so zugetragen, wie sie hier beschrieben werden, aber es hätte doch vielleicht sein können...

Die Texte sind vorher zum Teil bereits erschienen in: Diskus 70, Bremer Gefangenenzeitung; AAA Newsletter einer ehemaligen Bundestagsabgeordneten; dem Newsletter einer Partei, die hier aber auch nicht detaillierter beschrieben werden soll.

Alltag im Knast

Auch im Knast gibt es so etwas wie einen Alltag, eine Routine, die Platz lässt für Gedanken darüber, was Knast eigentlich ist, sein könnte und für wen das alles denn überhaupt einen Sinn macht. Davon soll hier berichtet werden.

Ruhekur im Knast

Ruhekuren sollen ja gesund und der Konservierung der äußeren Fassade sehr dienlich sein. Wenn das stimmt, dann werde ich den Knast eines Tages jung und knackig verlassen. Denn jedes Wochenende begebe ich mich erneut in eine Ruhekur. Ich habe gar keine andere Wahl. Die Gegebenheiten des Knastlebens und die ewige Personalnot zwingen mich dazu. Sind zu wenig Beamte in der Anstalt, werden die Türen einfach zu gemacht. Riegel davor und weg sind wir. Wir gehen unter Verschluss, ob wir wollen oder nicht. Natürlich wollen wir nicht, aber keiner fragt uns.

Was also macht man (oder Frau) auf knapp siebeneinhalb Quadratmetern ein langes Wochenende lang? Klar, da sind noch die Bücher, die schon lange darauf warten gelesen zu werden und da ist auch noch der Brief, der schon ebenso lange geschrieben werden will. Aber das war´s dann auch schon. Das Fernsehprogramm ist, wie fast immer, nicht weiter erwähnenswert. Ich könnte natürlich noch eine Weile aus dem Fenster sehen, versuchen den Kopf durch die Gitterstäbe zu quetschen und mir die Kehle aus dem Hals schreien. Wie sonst soll ich mich unter diesen Umständen mit der Zellennachbarin unterhalten?

Aber irgendwie ist das alles nicht so ganz das Wahre. Irgendwann kommt dann doch die große Langeweile. Und was macht man oder Frau dann? Ich zumindest lege mich ins Bett und versuche eine Weile zu schlafen, was aber auch nicht immer funktioniert. Denn auch die geübteste Schläferin und auch der geübteste Schläfer sind irgendwann einfach nicht mehr müde, obwohl Männer, glaube ich jedenfalls, mehr schlafen können als Frauen. Letztere haben immer irgendwie etwas zu tun, dies noch putzen, das noch wegräumen, daran sind sie gewöhnt, umso schwerer fällt dann die Ruhekur. Aber irgendwie schaffe ich es dann doch noch ein Stündchen zu schlafen.

Nun aber, nachdem auch ich restlos ausgeschlafen bin, beginnt die eigentliche Ruhekur. Sie erfordert ein Höchstmaß an Disziplin. Ohne ein gehöriges Maß davon ist dieser gewaltige Überfluss an Langeweile kaum durchzustehen. Und immer wieder geben einige dann doch auf. Das erkannt man daran, dass sie völlig entnervt gegen die Zellentüren hämmern. Das hallt zwar durch den ganzen Knast, bringt ansonsten aber keinen Nutzen. Es kümmert nämlich keinen

Menschen, zumindest keinen mit einem Schlüssel in der Hand. Schlüssellose Menschen zeigen sich da schon wesentlich interessierter, fühlen sie sich doch durch dieses ohrenbetäubende Geräusch, diesem hemmungslosen Hämmern gegen die schweren Eisentüren (ein unnachahmliches Geräusch) in der eigenen Ruhekur stark gestört. Da heißt es noch mehr Disziplin aufzubringen und einfach nicht hinzuhören. Manchen gelingt dies auch. Das sind dann meist Langzeitinhaftierte. Sie haben gelernt, nur zu hören, was sie hören wollen und nur zu sehen, was sie sehen wollen. Im Knast ist das durchaus eine Tugend.

Irgendwie schleichen die Stunden des Tages dahin. Und manchmal werden die Türen dann doch für einige Momente geöffnet. Das bedeutet zwar nicht, dass nun wirklich interessante Dinge unternommen werden können. So weit soll die Ruhekur denn doch nicht unterbrochen werden. Aber es kann schnell mal eben geduscht oder kurz mit der Nachbarin gesprochen werden, ohne dass die Stimmbänder überstrapaziert werden. Aber das war es dann auch schon. Die Türen gehen wieder zu. Da gibt es kein Erbarmen.

Seltsamerweise strengt dieses Nichtstun, verbunden mit der ohnehin immer vorhandenen Knasttristesse so sehr an, dass ich abends wirklich erschöpft bin, wenn auch nicht müde. Aber ob nun müde oder nicht, es geht früh ins Bett. Wo soll ich sonst auch hin? Das Bett nimmt schließlich den größten Teil der Zelle ein. Aber Ruhe, zumal eine erzwungene, ist eine Sache, schlafen eine ganz andere. Daran ist nämlich in der Regel ganz und gar nicht zu denken. Aber ich gebe nicht auf und kämpfe mich durch die Nacht. Irgendwann ist auch die vorüber und ein neuer Tag steht bevor. Dieser muss nun auch noch überstanden werden, dann liegt das Wochenende endlich hinter mir. Alle sind froh, dass wieder Montag ist und wir zur Arbeit gehen können. Das ist allemal interessanter als diese erzwungenen Ruhekuren an den Wochenenden.

Ich bin resozialisiert

In § 2 des Strafvollzugsgesetzes heißt es zu den Aufgaben des Vollzuges: „Im Vollzug der Freiheitsstrafe soll der Gefangene fähig werden, künftig in sozialer Verantwortung ein Leben ohne Straftaten zu führen (Vollzugsziel). Der Vollzug der Freiheitsstrafe dient dem Schutz der Allgemeinheit vor weiteren Straftaten."

Sehen wir uns das doch einmal etwas genauer an: Nun, immerhin konnte ich hier ganz wesentliche Kontakte knüpfen, die es mir vielleicht wirklich ermöglichen werden, künftig, wenn auch kein straffreies Leben zu führen, so doch eines, in dem es mir problemlos gelingen wird, mir meinen Lebensunterhalt zu beschaffen. Ich weiß nun, wie man zum Beispiel Geld von der

Versicherung bekommt, ohne groß etwas dafür tun zu müssen. Es findet sich immer jemand, der mal schnell eben einen Einbruch vortäuscht oder ein kleines Feuer legt. Auch könnte ich mir mein Geld damit verdienen, anderen die nötigen Papiere zu besorgen, wofür auch immer. Da haben sich mir hier im Knast ganz ungeahnte Möglichkeiten eröffnet. Man muss eben nur die richtigen Kontakte haben. Und eben die konnte ich hier ganz problemlos und in relativ entspannter Atmosphäre knüpfen.

Außerdem war es mir vergönnt, im Vollzug zu lernen, wie man auch auf ganz legale Weise eine ganze Menge Geld machen kann: reguläre Arbeitsplätze streichen, Ersatzfreiheitsstrafler die zwecks Abarbeitung ihrer Geldstrafe einsitzen, auf diese Stelle setzen, ohne sie dafür zu bezahlen, deswegen diese Taschengeld beantragen lassen, so den Lohn, den diese Stelle sonst kosten würde, einsparen. Das Taschengeld ist wesentlich geringer. Auf diese Weise bekommt der Knast viel Bares. Das muss ich mir merken, das kann man immer mal gebrauchen und lässt sich sicher auch auf andere Gebiete übertragen. Damit will ich nichts gegen jedwede Formen von Straferlass sagen, aber müssen dafür reguläre Stellen gestrichen werden?

Nicht zuletzt durfte ich hier lernen, dass es nicht unbedingt nötig ist, sich an bestehende Verträge zu halten. Es kann schon einmal vorkommen, dass sich seitens der Anstalt nicht an die vom Gesetzgeber zwingend vorgeschriebenen Vollzugspläne gehalten wird. In denen steht, wie sich der weitere Vollzug zu gestalten hat und welche Maßnahmen oder Vergünstigungen wann anstehen. Da wird dann im Nachhinein von übergeordneter Stelle gesagt, dass es so aber nun doch nicht gehe. Was da im Vollzugsplan stehe, müsse noch mal ganz genau überdacht werden. Das natürlich erst, nachdem die Einspruchsfrist um ein Vielfaches überschritten ist, etwas, was wir Gefangenen uns bestimmt nicht erlauben können. Dabei haben diese Pläne doch bindenden Charakter für die Anstalt. (KG Berlin NstZ 1997m 207; OLG München StV 1992, 589). Abweichungen dürfen nur bestimmten Voraussetzungen erfolgen (KG Berlin NStZ 1997, 207). Diese Umgehensweise mit Verträgen müsste sich doch eigentlich auf Übereinkünfte jedweder Art übertragen lassen. Das lässt sich vielleicht sogar noch weiter ausbauen. Da eröffnen sich ungeahnte Möglichkeiten und so will ich diese Sache positiv sehen und sage mir, dass diese Praxis im Umgang mit Verträgen doch eigentlich ein großes Stück Freiheit bedeutet. Das kann vieles im Leben erheblich einfacher machen. Egal, wie sehr mich ein Kontrakt auch bindet, das ist noch lange kein Grund, mich auch daran zu halten!

Aber unser Strafvollzugsgesetz sagt ja noch viel mehr, lässt uns auch im privaten Bereich nicht im Stich. So heißt es in § 3 zur Gestaltung des Vollzuges: „(1) Das Leben im Vollzug soll den allgemeinen Lebensverhältnissen soweit als möglich angeglichen werden. (2) Schädliche Folgen des Freiheitsentzuges ist entgegen zu wirken. (3) Der Vollzug ist darauf auszurichten, dass er dem Gefangenen hilft, sich in das Leben in Freiheit einzugliedern."

Mein Leben im Gefängnis soll also fast so wie mein Leben draußen aussehen. Aber da müssen die hier im Knast etwas falsch verstanden haben, denn draußen habe ich keinesfalls so gelebt, wie man es jetzt hier von mir erwartet. Da ist zum Beispiel die Sache mit der Zellenausstattung. Bei einer der letzten großen Filzen (Für Laien: Durchsuchung der Zellenräume durch das Knastpersonal) musste ich meine Obstschale heraus geben. Ich könne mein Obst ja schließlich auch „einfach so" auf das Bord legen und sowieso solle alles sofort aufgegessen werden, hielt man mir mit strengen Worten vor.

Wie soll ich das denn machen? Sie lassen mich nur alle vierzehn Tage einkaufen. Soll ich den gesamten Obstvorrat auf einmal essen? Und zu Hause hatte ich auch immer eine Obstschale. Auch habe ich früher Teller gehabt, aus richtigem Porzellan, von denen ich aß. Das ist nun aber auch nicht mehr erlaubt. Es wird aus dem Blechnapf gefressen oder gar nicht! Das war bei mir zu Hause auch irgendwie anders. Da klappt es mit der Angleichung der Lebensverhältnisse nicht so richtig. Das müsste noch einmal überarbeitet werden.

Aber schädliche Folgen wird das nicht haben. Das hoffe ich jedenfalls. Nach der Entlassung werde ich einen „Umgangsformen-bei-

Tisch-Kursus" besuchen. So werde ich bestimmt wieder sehr schnell lernen, mich auch in Gesellschaft von Nicht-Knackis gut zu benehmen.

Ich bin durchaus willens, mich resozialisieren zu lassen. Schon deshalb, weil ich hier so schnell wie möglich wieder raus will und zur Erreichung dieses Zieles, ist es immer förderlich „an der Gestaltung meiner Behandlung und an der Erreichung des Vollzugszieles mitzuwirken". So schreibt es das Strafvollzugsgesetz in § 4 vor. Und so arbeite ich denn fleißig mit an der Erreichung dieses Zieles. Was den privaten Bereich angeht, fällt mir das immer noch etwas schwer, das muss ich zugeben. Das Essen schmeckt auf einem richtigen Teller angerichtet einfach besser als aus dem Blechnapf. Aber was den Umgang mit Verträgen angeht, bin ich allemal bereit, das hier Gelernte auch draußen in der Freiheit anzuwenden. Das könnte mir mein künftiges Leben sogar beträchtlich erleichtern. So sehe ich denn meine berufliche und materielle Zukunft in einem durchaus rosigen Licht. Mit dem, was ich hier gelernt habe, werde ich sicher auch draußen bestens zurecht kommen, besser als vor der Haft. Darf ich mich damit dann also als resozialisiert betrachten?

Mäuschen komm´ aus dem Häuschen

Wir haben jede Menge Mäuse im Knast. Das weiß jeder, schließlich begegnet man ihnen auf Schritt und Tritt. Aber wo sollen diese possierlichen Tierchen denn auch hin? Draußen ist es kalt und zudem lauern überall gefräßige Katzen. Die wollen auch nicht immer nur das von den Schließern servierte Futter aus der Dose zwischen den Zähnen spüren. Eine kleine Maus zum Nachtisch ist sicher nicht zu verachten.

Das Risiko von einer Katze gefangen zu werden, geht eine kluge Maus nicht ein. Da verzieht sie sich doch lieber in das Innere des Knastes. Dort ist es schön kuschelig warm und genügend Nahrung gibt es auch. Nicht nur, dass allerorten Brotreste und andere Leckereien zu finden sind, nein, es gibt auch immer genügend mitfühlende Menschen, die diese so niedlichen Tierchen gerne füttern. Man legt gerne mal einen kanten Brot oder ein paar Krumen Käse in eine Ecke. Da kommt keine Maus zu kurz.

Die Gastlichkeit unserer Anstalt hat sich inzwischen in der gesamten Mäusewelt herumgesprochen, ich glaube sogar weltweit. Es kommen immer mehr dieser kleinen grauen Tierchen. Aber was soll´s? Wir haben Platz für alle.

Nachts und am frühen Morgen huschen die Kleinen durchs Haus. Bedauerlicherweise kam es in den frühen Morgenstunden bereits zu Unfällen. Die Essenholer ließen die nötige Rücksicht vermissen und haben eine Maus mit dem Rollwagen überfahren. Wir wollen solch tragische Unfälle in Zukunft vermeiden und bitten deshalb dringend um das Aufstellen von Warn- und Vorfahrtsschildern, im Interesse der kleinen Nager. Natürlich müssen bei der Einführung entsprechender Regelungen stets die Mäuse Vorfahrt haben. Wir sind uns doch wohl einig darüber, dass im Vergleich Maus – Mensch, die Mäuse die Schutzbedürftigeren sind. Na also! Ich denke, wir sollten schon ein wenig Rücksicht auf unsere kleinen Mitbewohner nehmen, zumal das Erlernen von Empathie ja auch ein resozialisierungsziel ist.

Einen ganz entzückenden Streich spielte uns neulich eine ganz taffe kleine Muckelmaus. Eine Frau öffnete ihre Kühlschranktür und da saß das kleine Ding doch tatsächlich in ihrem Kühlfach. Ach, was waren wir gerührt. So eine Überraschung!

Natürlich fror das kleine Mäuschen, es ist schließlich kalt an einer solchen Örtlichkeit. Wir überlegen nun, ob wir in einer speziell dafür einzurichtenden Arbeitsgruppe kleine Pudelmützen und Schals für die süßen Nager stricken, was gleichzeitig ein paar Frauen Arbeit beschaffen würde. Ein sehr interessanter Nebeneffekt! Leider konnte uns die Maus nicht verraten, wie sie in den Kühlschrank hinein gekommen ist. Auf jeden Fall aber hat sie großes

Geschick bewiesen. Das zwingt uns zu einigem Respekt vor ihr.

Wir möchten unseren Mäusen natürlich auch weiter Quartier bieten und bitten deshalb darum, Mäusehäuser aufstellen zu dürfen, analog zu den Katzenhäusern, die die Bediensteten unserer Anstalt im Garten aufgestellt haben. Wir sind im festen Glauben, dass das Halten von Tieren im Gefängnis dem Gedanken des humanen Strafvollzuges sehr entgegen kommt.

PS: Das Gebäude, in der die Mäuschen Unterschlupf fanden, ist inzwischen geräumt worden, die inhaftierten Frauen bezogen andere Räumlichkeiten und leben seither wohl mäusefrei.

Sparvorschläge

von unserer Seite

Es wird doch jetzt überall so viel von dem Hotelvollzug gesprochen. Wenn es den denn gibt, dann muss sich eben dieser Hotelvollzug doch auch positiv nutzen lassen. Warum also soll es dann nicht möglich sein, unseren Knast ab und an mal zu vermieten? Nein, nicht gleich den ganzen Knast, immer nur die Zellen, die sowieso gerade leer stehen. Zusätzliches Personal wird dafür nicht benötigt. Die Bediensteten sind doch ohnehin da. Da können sie die paar Urlauber auch noch mitversorgen. Das geht schon irgendwie, zumal wir ohnehin an einen Urlaub der besonderen Art denken.

Und da kommen wir auch schon auf das Marketing zu sprechen. Denn natürlich muss diese Art von Urlaub den potenziellen Kunden erst mal schmackhaft gemacht werden. Aber ich denke, wir liegen da voll im Trend. „Urlaub der besonderen Art" ist doch überall so angesagt. Aber was ist ein Survival Training am Amazonas gegen die Lebensbedingungen im Knast? Was ist ein Selbsterfahrungstripp in der Toskana gegen eine Woche im Knast?

Im Knast lässt sich spielend beides miteinander kombinieren und genau da liegt unsere Chance der Vermarktung. Wir verkaufen den Urlaub im Knast als eine Mischung aus Survival Training und Extreme Living einerseits und andererseits als eine einzigartige Möglichkeit der Selbsterfahrung durch die Reduzierung auf das Wesentliche. Weg von der Konsumgesellschaft, mit dem Nötigsten auskommen, sich mit sich selbst beschäftigen, ohne Animateur im Hintergrund, ohne das geringste Freizeitangebot. Da besinnt man sich auf sich selbst, lernt die eigenen Grenzen kennen. Nachtruhe ist durch den Nachtverschluss garantiert. Andererseits gibt ein gelegentlicher Alarm dem Urlaub einen gewissen Kick. Alarm wird immer dann ausgelöst, wenn sich zum Beispiel ein paar Jugendliche kloppen, aus welchen Gründen auch immer. Es gehen sofort alle unter Verschluss und sämtliche Beamte rennen zum Ort des Geschehens. Das kann schon aufregend sein.

Wir können also durch den Wechsel von hohen Einschlusszeiten und gelegentlichem Alarm das richtige Verhältnis zwischen Ruhe (selbst telefonisch sind Sie nicht mehr erreichbar) und Abenteuer gewährleisten. Das ist die Konfrontation mit der ganz anderen Lebensweise.

Die im Gefängnis ja irgendwie immer vorhandenen Gefangenen stören nicht weiter. Entweder sind sie unter Verschluss, also gar nicht zu sehen oder die Begegnung von Urlaubern und Inhaftierten könnte der gegenseitigen Bereicherung dienen. Es ist immer nett, mal ein paar neue Gesichter aus einem anderen Kulturkreis zu sehen. Und vielleicht ergeben sich sogar ein paar wertvolle Kontakte für die weitere Zukunft. Das wäre doch ganz im Sinne des Resozialisierungsgedankens.

Durch unseren Fuhrpark ist eine problemlose Anreise aus der gesamten BRD möglich. Das dauert vielleicht manchmal etwas länger, ist aber an sich schon ein Erlebnis. Gerne stellen wir unsere Minnas zur Verfügung.

Natürlich wäre es sehr sinnvoll, entsprechende Verträge mit großen Touristikunternehmen zu schließen. Dann könnte der Urlaub im Knast auch als Pauschalpaket gebucht werden. In den kriminalschwachen Zeiten könnte man sogar an Sonderangebote denken. Für eine Auslastung der Knäste wäre so immer gesorgt.

Die Bediensteten sind gut geschult und werden sich sicher gerne um die Urlaubsgäste kümmern. Sie sind es ohnehin gewohnt, mit schwierigstem Klientel umzugehen und in allen Lebenslagen und bei allen Problemen helfend zur Seite zu stehen. Da werden ihnen ein paar zusätzliche Urlaubsgäste auch nichts ausmachen.

Natürlich müssten ein paar Hochglanzprospekte gedruckt werden. Aber das bringt den Gefangenen vielleicht auch noch ein paar Arbeitsplätze, denn wir haben doch eine knasteigene Druckerei - auch kein schlechter Nebeneffekt.

Also, wir sind bereit, aktiv und konstruktiv an einer neuen Wirtschaftlichkeit der Knäste mitzuarbeiten. Dazu müssen manchmal eben auch eingefahrene Wege verlassen werden.

Verhüllungsgebot im Frauenvollzug

Mein Vater war ein strenger Wächter von Sitte, Tugend und Moral, insbesondere wenn es um meine ging. Er wäre stolz, wenn er wüsste, wo und wie ich heute lebe. Naja, das Wo würde ihn vielleicht doch nicht so stolz machen, das Wie dafür aber umso mehr. Da bin ich sicher! Es ist nämlich so, dass ich derzeit mein Dasein im Frauenvollzug, deutlicher: im Knast, friste. Das erklärt hinlänglich, wieso meinen Vater der Ort, an dem er seine Tochter finden könnte, nicht eben stolz machen würde. Aber das ist nicht mein Thema.

Ein paar Dinge gibt es hier allerdings, die würden ihm Tränen der Freude in die Augen treiben, denn nicht nur die räumliche Begrenzung meines Lebensortes macht ein ausschweifendes Leben unmöglich. Nein, da gibt es noch ganz anderes oder andere, das oder die über Sitte, Tugend und Moral aller hier lebenden Frauen wachen und das mit nimmermüder Strenge.

Solange wir unter uns sind, männliche Bedienstete laufen selten über unsere Flure, gibt es eigentlich keinerlei Einschränkungen. Da kann es sogar recht kess und locker zugehen. Entre Nous stört es keinen, wenn wir in den Duschraum gehen und unsere Reize dabei nur mit einem knappen Badetuch bedecken. Es stört auch keinen, wenn wir abends am Geländer im oberen Stockwerk unserer Abteilung stehen und dabei nur mit einem mehr oder weniger (viel zu oft eher weniger) verführerischen Nachthemd bekleidet sind. Aber wie gesagt, das gilt nur solange kein männliches Wesen oder eines, das mal eines werden möchte, sich in unserer Nähe blicken lässt. Taucht so ein Wesen auf, ändert sich die Lage schlagartig. Und so wird denn auch weitestgehend versucht, genau das zu verhindern, nämlich das Auftauchen männlicher oder mannähnlicher Wesen in unserem Refugium.

Nun weiß aber auch jeder und jede, was verboten ist, macht doppelt Spaß. Der Reiz eines Spieles lässt sich ganz enorm dadurch steigern, dass es im Geheimen zu geschehen hat. Das soll ja auch schon früher in den Harems so gewesen sein. Dort war auch vieles verboten und doch geschah es - und hat Spaß gemacht!

Nun bringt es aber sogar das Leben im Frauenknast mit sich, dass hin und wieder einmal ein Mann auftaucht. Natürlich ist hier nicht von den bediensteten Männern die Rede. Die haben sich völlig unter Kontrolle und bedürfen der zusätzlichen Überwachung selbstverständlich nicht. Nie im Leben würden sie ihre oder unsere Tugend beim Aufeinandertreffen mit uns oder unseren Reizen in Gefahr bringen.

Aber es gibt ja auch noch die anderen Männer oder werdenden Männer, nämlich die inhaftierten Jugendlichen, die nun einmal, nur wenige Meter von uns entfernt, im selben Haus untergebracht sind. Sie werden ab und an dazu abkommandiert bei uns handwerkliche Arbeiten zu verrichten. Das soll Teil ihrer Ausbildung sein, einer Ausbildung, die man uns Frauen nicht zutraut. Wie auch immer, wir müssen vor ihnen geschützt werden oder sie vor uns. Man weiß nie ganz genau, wer nun eigentlich wirklich vor wem geschützt werden muss oder soll oder im Grunde doch lieber gar nicht geschützt werden will.

Da es sich leider, oder zum Glück, nicht immer vermeiden lässt, dass wir, die Frauen und die männlichen Jugendlichen, uns begegnen, sind in jedem Fall genaueste Vorschriften einzuhalten. Das kann nie schaden und verspricht erst einmal so etwas wie ein Stück Sicherheit, zumindest für die über unsere Tugend wachende Beamtin. Holt zum Beispiel die Hausarbeiterin das Essen, wozu sie durch die Station der Jugendlichen gehen muss, so darf sie niemals „leichtbekleidet" losgehen, sondern muss stets alle die Moral gefährdenden Körperstellen streng bedeckt halten. Auf keinen Fall darf sie T-Shirts ohne Ärmel tragen. Noch verheerender sind freie Schultern, auch im Sommer. Der Blick auf eine nackte Schulter könnte einen der Jugendlichen in einen nicht zu lösenden Konflikt stürzen. Womöglich würde er ihr Avancen machen. Noch schlimmer, wenn sie dann auch noch darauf einginge. Dieses Risiko kann die Beamtin nicht eingehen, also wird die Kleidung kontrolliert. Natürlich wird sie auf diesem Weg ohnehin von einer Schließerin begleitet.

Voller Tücken steckt auch der Gang in die Bibliothek. Der führt nämlich an der Dusche der Knaben vorbei und kaum hören diese die Frauen kommen, hüpfen sie leichtgeschürzt über die Flure – ein kaum zu ertragender Anblick. So jedenfalls scheint die Beamtin zu denken, denn stets eilt sie voraus und versucht zumindest die Tür der Dusche noch rechtzeitig zu schließen. Schade eigentlich, einige der Typen haben gar keine so schlechte Figur. Wo die Bedienstete des Vollzuges in dem Augenblick hinschaut, habe ich nie zu fragen gewagt.

Schier Unermessliches aber wurde einer Beamtin abverlangt als kürzlich unsere Station renoviert wurde und , wie sollte es anders sein, ausgerechnet von diesen sittenlosen Jungen. Gut, die meisten der Frauen ließen sich wegsperren, aber eben nicht alle. Immer wieder kam es zu Begegnungen der unmoralischen Art. Das Schlimmste konnte gerade noch verhindert werden, denn natürlich wagte es einer der Jugendlichen in einem geradezu unverschämt offenherzigen T-Shirt zur Arbeit zu erscheinen. Es war einer von den ganz Schamlosen und bei denen weiß man ja ohnehin nie so genau, ob sie wirklich zur Arbeit wollen oder doch eher hinter den Frauen her sind. Ihm wurde jedenfalls erst einmal erklärt, was er zur Arbeit anzuziehen habe, nämlich auf gar keinen Fall ein Muscle-Shirt. Der Anblick seiner hoch erotisierend wirkenden Muskelmasse an den immer noch kindlichen Oberarmen, meinte die Beamtin uns nicht zumuten zu können. Meint sie, dass mein Nachholbedürfnis so groß ist, dass ich mich einem mehr als zwanzig Jahre jüngeren Mann an die noch nicht behaarte Brust werfe? Etwas mehr Selbstbeherrschung habe ich denn doch noch. Aber ich gebe zu, dass es hier auch jüngere Frauen als mich gibt und da mag der Altersunterschied weniger deutlich und somit weniger hemmend wirken. Aber auch bei denen wird der Nachholbedarf nicht so groß sein.

So ein Flirt zwischen Mann und Frau, oder auch etwas mehr, ist etwas ganz, ganz Schreckliches. Das muss verhindert werden. Was genau daran so schrecklich ist, habe ich noch nicht begriffen. Aber es muss schon sehr, sehr furchtbar sein, wenn sich so viel Mühe mit der Verhinderung dessen gegeben wird. Jedenfalls muss mein Vater sich keine Sorgen machen, solange ich hier bin, werden die Reize seiner Tochter von keinem Mann gesehen werden.

Der eifrige Schließer Schulze

Während meiner Zeit in der Redaktion der Gefangenenzeitung kamen meine Kollegen und ich irgendwann auf die Idee, doch auch einmal einen Justizvollzugsbeamten zu Wort kommen zu lassen. Natürlich keinen „echten", sondern einen, dem wir sagen, was er zu sagen hat. So wurde Hans-Hermann Schulze geboren, den tatsächlich einige der Bediensteten meinten zu kennen.

Schulze tritt seinen Dienst an

Also, ich bin Hans-Hermann Schulze und arbeite hier in der JVA. Mal hier, mal da. Ich werde immer da eingesetzt, wo man mich gerade braucht. Und da ich in der Anstalt doch recht viel rumkomme, hat mich die Redaktion der Gefangenenzeitung gebeten, doch hin und wieder auch einen Artikel für dieses Blatt zu schreiben. Das mache ich gerne, so kommen wir Bediensteten doch auch einmal zu Wort.

Um es gleich vorweg zu sagen: Ich nehme meine Arbeit ernst und ich liebe meinen Beruf, die Gefangenen nicht immer, meine Kollegen auch nicht immer.

Gleich an meinem ersten Arbeitstag haben sie mich auf die Frauenstation geschickt. Das habe ich aber erst früh morgens bei meinem Dienstantritt gemerkt. Angeblich soll ja der ganze Frauenvollzug geschlossen werden. Aber das wird wohl nicht so einfach sein. Ich habe gehört, dass die Frauen sich dagegen wehren wollen. Denen ist ja alles zuzutrauen.

Eigentlich soll ja jede Schicht mit zwei Vollzugsbeamten besetzt sein, aber meine Kollegin ist gleich bei Dienstantritt an der Pforte auf eine andere Station geschickt worden. Naja, auf dieser anderen Station wäre sonst überhaupt kein Bediensteter gewesen. Und das geht ja nun auch nicht. Okay, ich bin also ganz alleine auf die Frauenstation gegangen. Warum auch nicht? Etwas Engagement und Arbeitseinsatz kann man wohl von mir erwarten. Und das bisschen Arbeit ist auch alleine ganz gut zu schaffen, zumal es sich um Arbeit am und mit Menschen handelt. Da kann man sich die Arbeit einteilen und auch schon einmal etwas liegen lassen.

Ich bin also auf die Frauenstation gegangen. Klar, dass ich alles so machen wollte, wie es sonst auf der Station auch gemacht wird. Zuerst habe ich alle Zellen aufgeschlossen. Dann stand auch schon die Hausarbeiterin bereit und wollte mit mir das Frühstück holen. Dass man da aber auch immer mitgehen muss! Danach haben wir das Frühstück verteilt. Irgendwie bin ich da schon mit meinem Zeitplan durcheinander geraten. Ich hatte gar nicht bedacht, dass einige

Frauen unter Verschluss waren, denen fehlte die richterliche Gemeinschaftsgenehmigung oder ähnliches. Diesen Frauen sollte ich doch tatsächlich das Essen an die Zellentür bringen. Das ist wie Zimmerservice im Hotel. Aber okay, ich habe auch das geschafft. Plötzlich riefen die aus dem Lazarett an und meinten, ich solle doch nun die Frauen zur Methadonausgabe rüber bringen. Und das bloß, weil die im Knast keine Drogen nehmen dürfen und vom Sanitäter so ein Ersatzzeugs bekommen.

Aber jeder halbwegs gute Justizvollzugsbeamte schafft es mit Leichtigkeit einerseits einen Teil der Frauen in die Krankenstation zu bringen und andererseits die Station im Auge zu behalten. Das ist gar kein Problem. Das ist gar nicht so schlimm.

In der Zwischenzeit war ein Teil der Frauen im Werkbetrieb verschwunden und auch für die Schülerinnen hatte der Unterricht begonnen. Aber zwei Frauen liefen da immer noch rum. Die wollten an ihren Arbeitsplatz gebracht werden. Das waren die Pfortenkalfaktorin und die Bibliothekarin. Also behielt ich wieder mit einem Auge die Lage auf der Station im Blick und mit dem anderen Auge wanderte ich durch den halben Knast, auf endlos langen Wegen, um die beiden Frauen zur Arbeit zu bringen. Während meiner Wanderung gab ich so ganz nebenbei auch noch die Post an der Pforte ab und nahm die Zeitungen mit zurück auf die Station.

Kaum war ich dort wieder angelangt, meinte die Hausarbeiterin, dass wir doch nun den Müll zum Container bringen müssten. Ja, kann die denn nicht einmal das alleine? Aber gut, wir trabten also wieder los.

Danach wollte ich mich endlich eben mal fünf Minuten hinsetzen. Meine Füße taten schon weh! Aber da klingelte das Telefon. Irgend so ein Anwalt war gekommen und meinte, sofort seine Mandantin sprechen zu wollen. Also musste ich diese Frau in den Besucherraum bringen. Das hieß, ich musste schon wieder ein Auge auf der Station lassen und mit dem anderen Auge und meinen zwei Füßen zum weit entfernt liegenden Besuchertrakt marschieren. Aber diese Anwälte lassen es sich ja einfach nicht nehmen, hin und wieder mal ihre Schützlinge zu besuchen.

Kaum war ich wieder auf der Station, klingelte abermals das Telefon. Anwälte, Anstaltsleiter, Bewährungshelfer und alle möglichen anderen Leute riefen an. Richtig aufdringlich kann das sein.

Dann gibt es da auch noch dieses Notlicht. In den Zellen befindet sich so ein Alarmknopf, auf den die Gefangenen drücken können, wenn sie etwas wollen. Und die wollen oft etwas. Einige bestehen darauf, den Anwalt anzurufen. Und das dürfen die! Nach dem Zustand meiner Füße fragt ja keiner!

Etwas Abwechslung in dieses tägliche Einerlei eines Justizvollzugsbeamten kann leicht dadurch gebracht werden, dass es doch fast immer wenigstens eine Inhaftierte gibt, die besondere Aufmerksamkeit fordert. Da gibt es immer jemanden, der meint, psychisch nicht ganz auf der Höhe zu sein. Die kriegen dann plötzlich einen Anfall oder so etwas. Da kann ein Vollzugsbeamter mal so richtig zeigen, was er kann. Und das tut er dann auch. Auch ich halte mich da nicht zurück. Über die Funke rufe ich den Sanitäter und leiste Erste Hilfe bis dieser vor Ort ist. Das habe ich schließlich gelernt.

Ruck zuck verging der Tag, schon war es an der Zeit das Mittagessen zu holen. Auf dem Wege wurden dann wieder die Bibliothekarin und die Pfortenkalfaktorin abgeholt. Dann wurde wieder Essen ausgeteilt. Ich schielte auf die Uhr und hoffte, dass meine Ablösung bald kommen möge.

Aber kaum war das Mittagessen ausgeteilt, da standen plötzlich alle Frauen vor dem Stationsbüro und wollten irgendetwas. Post, die bestellten Briefmarken, noch mal den Anwalt anrufen und und und... Mir begann der Kopf zu schwirren.

Und schon wieder riefen die aus dem Lazarett an. Es sei nun alles fertig für die Medikamentenausgabe am Mittag. Also rannte ich mit einigen Frauen ins Lazarett, ließ natürlich wieder ein Auge auf der Station. Das konnte ich nun schon ganz gut.

Und dann: Feierabend. Schichtwechsel. Endlich!!! Da fragte mich die Kollegin mich doch glatt, ob ich die Berichte heute Morgen geschrieben hätte? Die müssten nun aber ganz dringend raus. Was für Berichte? Wann hätte ich die denn schreiben sollen?

Schulze bei der großen Zellenfilze

Wieder einmal brauchte man mich auf der Frauenstation. Dort sollte eine große Zellenrevision, von den Gefangenen auch „Filze" genannt, durchgeführt werden. Da wurde jede Hand gebraucht, auch meine.

Es ist seltsam, aber in der letzten Zeit wird meine Hilfe gar nicht mehr so oft in Anspruch genommen. Wenn es heißt, der Schulze kann doch einspringen, dann sagen die Kollegen auf den Stationen immer öfter: „Och, lasst man, wir schaffen das eigentlich auch alleine." Man hat auch immer noch keine feste Stelle für mich gefunden, auf der ich dauerhaft eingesetzt werden könnte, so eine Stelle mit fest umrissenem Arbeitsfeld. Ich verstehe das eigentlich gar nicht. Aber anlässlich der großen Revision war auch ich mal wieder gefordert, und zwar, wie gesagt, auf der Frauenstation.

Man sagte mir, die Haftäume dort seien so vollgestopft, dass ein normaler Beamter kaum noch durchkäme. Und das geht ja nun wirklich nicht. Es muss schließlich einmal wöchentlich nachgeguckt werden, ob in den Zellen auch noch alles in Ordnung ist. Die Frauen sollen Klamotten in den Schränken haben, davon würde meine Frau nicht einmal träumen. Die Räume sollen aussehen wie kleine Wohnzimmer, mit Spitzengardinen an den Fenstern und Kissen auf dem Sofa, äh, auf der Pritsche. Und Geschirr sollen die in ihren Zellen haben, als ob sie jeden Tag Besuch zu bewirten hätten. Und das geht ja nun wirklich alles ein bisschen zu weit, schließlich sind wir hier im Knast und danach soll es gefälligst auch aussehen.

Nun wurde ganz genau aufgelistet, was auf so einem Haftraum alles vorhanden sein darf. Viel ist es nicht. Ein bisschen mickerig kam mir die Liste schon vor, aber ich sagte lieber nichts. In Zukunft wird genau vorgeschrieben sein, wie viele Unterhosen und wie viele Strümpfe die Frauen haben dürfen. Naja, etwas mehr Spielraum hätten die da oben bei der Erstellung der Liste schon lassen können. Wie auch immer – nun gibt es also ein ganz genaues Verzeichnis, worin alle im Knast erlaubten Dinge aufgeführt sind, kurz „die Liste" genannt.

Wir sollten durch die Zellen gehen und ganz genau den Bestand kontrollieren. Eine Beamtin der Frauenstation sollte auch dabei sein. Eine ganz Genaue sollte das sein.

Die Insassinnen der Station machten nicht gerade den Eindruck als seien sie von der Aktion begeistert. Und dann wollten sie auch noch unbedingt dabei sein. Sie bestanden einfach auf persönliche Anwesenheit, wenn wir die Schränke durchwühlen. Es wäre doch wesentlich einfacher, wenn wir das gemacht hätten, ohne dass uns die Frauen im Rücken gesessen hätten. Dann hätte man vielleicht auch mal ein bisschen genauer hingucken können, womit sie sich denn so beschäftigen. Nicht, dass ich heimlich in privaten Sachen herum schnüffeln würde, das ganz bestimmt nicht, aber man interessiert sich doch schließlich für die Menschen, die einem anvertraut sind. Ich will nur meiner Fürsorgepflicht nachkommen. Mehr nicht! Aber ich kenne diese Frauen. Die haben immer irgendetwas zu meckern. Und richtig; gleich bei der ersten Zelle ging es los. Ich muss zugeben, nach den Schilderungen in der Verfügung betreffs der Revision hatte ich mir den Zustand der Zellen wesentlich schlimmer vorgestellt. Der Raum, in dem wir standen, sah eigentlich ganz gemütlich aus und war auch picobello aufgeräumt. Ich fand da gar nichts zu beanstanden. Aber das sahen meine Kolleginnen ganz anders.

Die Gardinen mussten runter. Die Beamtin bestand darauf. Die Übergardinen durften dran bleiben, die weißen Stores aber mussten weg. Angeblich ist die Brandgefahr sonst zu groß. Ich muss zugeben, ich verstand auch nicht so ganz, warum diese Gardinen runter mussten. Es sah doch wirklich hübsch aus. Und die Übergardinen können genauso leicht oder genauso schwer brennen wie die Stores. Außerdem ist die Insassin Nichtraucherin. Aber ich hielt lieber meinen Mund, denn ich hatte nicht das Gefühl, dass meine Überlegungen mich bei meiner Kollegin sehr beliebt gemacht hätten. Danach wurde der Kleiderschrank der Inhaftierten unter die Lupe genommen. Die Beamtin nahm die Liste zur Hand und zählte alles durch. Sogar in der Schmutzwäsche guckte sie nach, ob sich dort nicht vielleicht doch noch eine verbotene überzählige Unterhose versteckt hatte. Also, das wurde mir denn doch etwas zu peinlich. So hatte ich mir das nicht vorgestellt. Die Gefangene beschwerte sich über die Liste. Sie sei nicht umfangreich genug.

Ich muss zugeben, dass ich die Argumente der Insassin nachvollziehen konnte. Sie verbüßt eine Langstrafe, ist also mehrere Jahre hier. Aber auch sie darf nur eine Jacke im Schrank haben. Sie konnte sich entscheiden, ob sie lieber im Sommer in der Winterjacke schwitzen will oder lieber im Winter in der Sommerjacke frieren. Ich wüsste auch nicht, wofür ich mich entscheiden sollte. Man sagte ihr, sie könne sich ja jederzeit Kleidung von draußen reinbringen lassen, natürlich nur im Austausch gegen Sachen, die sie jetzt im Schrank hat. Aber sie sagte, sie hätte draußen niemanden, der ihr etwas bringen könnte. Das wurde von der Beamtin ignoriert. Irgendwie stelle ich mir jetzt gerade vor, wie die Frau in ihren Ausgängen im Winter in einer dünnen Sommerjacke durch die Stadt läuft. Aber angeblich gibt es hier ja auch noch einen Sozialbestand, aus dem sie sich im Notfall bedienen kann. Da wird sie dann wohl in irgendwelchen Lumpen durch die Straßen laufen.

Ich trau mich ja nicht, das alles laut zu sagen, aber mir tut die Frau schon Leid. Ihre eigenen Sachen, die gut aussehen und genau zu ihr passen, muss sie rausgeben, um sich dann aus dem Sozialbestand etwas ausleihen zu müssen.

Dann wurde die Ausstattung der Zelle begutachtet. Die Frau hatte einen Dosenöffner. Sie sagte, den hätte sie sich beim Kaufmann gekauft. Und ich glaubte ihr das, denn ich habe selber gesehen, wie die Frauen im Laden solche Dinge gekauft haben. Die Beamtin glaubte ihr das auch. Aber der Dosenöffner ist trotzdem nicht erlaubt, denn er steht nicht auf der Liste. Na, dann geht das natürlich nicht. Liste ist Liste! Da muss man sich schon dran halten. Die Frau musste den Dosenöffner rausgeben. Da kann man nur hoffen, dass in der Stationsküche immer einer vorhanden ist. In den Einschlusszeiten nützt das allerdings auch nur wenig.

Ich frage mich, ob die bundesdeutsche Justiz wirklich daran zugrunde ginge, wenn die Frauen mehr Unterhosen in den Schränken hätten oder gar einen Badeanzug, um sich im Sommer im Garten zu sonnen? Aber besagter Dosenöffner würde den Untergang der bundesdeutschen Justiz wohl doch endgültig besiegeln. Doch ja, das verstehe ich, zumindest bemühe ich mich darum.

So ging es von Zelle zu Zelle weiter. Es war immer das Gleiche. Eine Frau hatte zu viele Unterhosen im Schrank, die andere doch tatsächlich einen privaten Teller im Regal, weil sie es hasst „aus dem Blechnapf zu fressen", wie sie es ausdrückte. Irgendwie kann ich auch das verstehen. Aber die Beamtin kannte kein Erbarmen. Auch ein Teller mit Blümchenmuster ist der Sache der Justiz nicht förderlich. Worin genau die Gefahr liegt, die von dem Blümchenmuster ausgeht, ist mir im Moment zwar noch nicht ganz klar, aber vielleicht frage ich irgendwann doch noch einmal nach. Im Moment halte ich lieber meinen Mund.

Alle aus den Crafträumen herausgeholten Sachen wurden Plastiktüten verpackt. Die Frauen müssen diese Säcke bei dem nächsten Besuch rausgeben. Auch wenn der Besucher die Sachen gar nicht mitnehmen will. Und wenn sie denn überhaupt Besuch bekommen. Das ist schließlich nicht bei allen der Fall.

Die „Aktion Zellenfilze" war an einem Tag nicht zu schaffen. Wir brauchten zwei volle Tage, um durch alle Crafträume zu gehen. Die Stimmung unter den Frauen wurde immer schlechter. Wie würde ich mich wohl fühlen, wenn da irgendjemand käme und mir alles aus der Wohnung holen würde? Gerade für Inhaftierte mit einer langen Haftstrafe ist der Knast schon so etwas wie das Zuhause. Sie haben kein anderes. Ich kann schon verstehen, wenn sie versuchen, die Zelle etwas gemütlicher und häuslicher einzurichten. Aber damit ist es jetzt vorbei, denn nachdem wir mit unserer Zellenrevision fertig waren, ähnelten die meisten Crafträume eher einer Besenkammer als einem Heim. Und selbst die sind meist noch gemütlicher.

Es geht allerdings das Gerücht um, dass die Frauen binnen kürzester Zeit in der Lage seien, sich die Zellen wieder einigermaßen herzurichten. So viel Schaden hätten wir dann also doch nicht angerichtet.

Nachdem nun alles vorbei war, wagte ich denn doch mal zu fragen, ob das alles denn wirklich nötig gewesen sei. Die Kollegen starrten mich an, als sei ich irre geworden. Man sagt mir, es ginge schließlich darum, die Zellen für die Beamtin überschaubar zu machen, auch um dem Drogenkonsum im Knast endlich Einhalt zu gebieten. Das konnte ich wirklich verstehen, das findet meine Unterstützung. Komisch kam es mir allerdings vor, als ich nur ein paar Tage später hörte, dass man ausgerechnet auf der gerade gefilzten Frauenstation zwei Inhaftierte im letzten Moment mit einer Überdosis gefunden hat. Sie sind ins Krankenhaus gebracht worden und es ging ihnen schnell wieder gut. Unterhosen, Socken, Gardinen und Dosenöffner sind weg, aber die Drogen sind immer noch da.

Schulze beim Kaufmann

Bei Dienstantritt sagte man mir, dass ich heute den Einkauf überwachen solle. Es herrsche mal wieder Personalmangel, wie ja so oft in letzter Zeit. Daran haben wir uns eigentlich schon gewöhnt. Vielleicht liegt es daran, dass Weihnachten vor der Tür steht. Da haben alle noch eine Menge zu erledigen.

Heute ist der Tag, an dem die Inhaftierten einkaufen dürfen. Da muss schon jemand von uns dabei stehen und die Sache überwachen. Es ist nämlich so, dass die Gefangenen zweimal im Monat einkaufen können, natürlich nur von dem Geld, das sie hier im Knast verdienen. Und auch das darf nicht alles ausgegeben werden. Ein bisschen soll ja auch noch gespart werden. Wo kämen wir denn sonst hin?

Hier gibt es extra für die Insassen einen kleinen Laden. Das Geschäft gehört einem Kaufmann von draußen. Der Kommt extra für die hiesigen Kunden in die Anstalt. Naja, er verdient wohl auch nicht schlecht dabei.

Am Tag vor dem Einkauf werden auf den Stationen Einkaufsscheine verteilt. Darauf sind alle vorrätigen Waren aufgeführt. Die Inhaftierten können ankreuzen, was sie haben wollen. Was nicht auf der Liste steht, muss eine Woche vorher bestellt werden. Die Scheine werden beim Kauf vorgelegt und zwei extra dafür abgestellte Knackis packen die Sachen in Einkaufswagen. Am Einkaufstag werden die einzelnen Wohngruppen der Reihe nach zum Kaufmann gebracht. Die Gefangenen können dann im Laden ihre bestellten Waren abholen. So hat man es mir erzählt und eigentlich hört sich das doch gar nicht so schlimm an. Frohgemut gehe ich also an die Arbeit.

Schon morgens um sieben ist die Kauffrau da. Hier ist es nämlich eine Kauffrau und gar kein Kaufmann, der die Waren liefert. Verstärkung hat sie sich auch noch mitgebracht. Die Verkäuferin aus ihrem Geschäft draußen wird ihr auch hier helfen. Mit einem Lieferwagen kommen sie vorgefahren. Der Wagen ist bis oben hin mit lauter guten Sachen vollgestopft. Das wird sie doch heute nicht alles verkaufen wollen? Die beiden Gefangenen sind auch schon da und helfen beim Entladen des Autos. Eine Fuhre nach der anderen wird in den Verkaufsraum gebracht. Ich stehe derweil daneben und friere mir die Füße ab. Wie lange soll das denn hier noch dauern? Die anderen können sich wenigstens warm arbeiten, aber meine Aufgabe besteht lediglich darin, daneben zu stehen und aufzupassen, dass die Sicherheit und Ordnung nicht gefährdet wird. Die zwei Knackis sehen allerdings nicht so aus, als hätten sie vor, überhaupt irgendetwas zu gefährden.

Nach einer Stunde sind sie endlich fertig und wir können hinein gehen. Meine Füße sind mittlerweile zu Eisklumpen erstarrt. Und die denken nicht einmal daran, eine Pause zu machen. Ich hatte gehofft, jetzt gäbe es erst einmal eine schöne Tasse Kaffee, damit wir uns wieder aufwärmen können. Nee, die verlangen gleich danach, dass die erste Gruppe zum Einkaufen gebracht wird. Es muss angeblich schnell gehen, sonst würde die Zeit nicht reichen. Ich füge mich, lechze innerlich aber doch nach einem heißen Kaffee.

Die erste Wohngruppe rufe ich über die Funke. Die scheinen dort schon in den Startlöchern gestanden zu haben. Innerhalb von fünf Minuten sind sie da. Sonst sind die nie so schnell! Alle auf einmal drängen in den winzigen Laden. Das ist ein Geschubse! Ich verliere mal wieder völlig den Überblick. Zum Glück ist ein Stationsbeamter mitgekommen. Er sammelt die Einkaufsscheine ein und gibt sie an die

Kauffrau weiter. Die zwei im Laden arbeitenden Knackis packen in Windeseile die Sachen in die Einkaufswagen. Dann werden die Kunden an die Kasse gerufen. Alles wird zusammengezählt.

Und schon beim Ersten reicht das Geld nicht. Natürlich haben die Gefangenen kein Bargeld in den Händen. Das wäre ja noch schöner. Nein, sie bekommen rechtzeitig zum Einkauf so eine Art Scheck. Darauf ist vermerkt, wie viel Geld sie zur Verfügung haben. Die Kauffrau schreibt den zu zahlenden Betrag auf den Scheck. Dies wird vom Insassen quittiert und der Scheck wird von der Kauffrau an der Kassenstelle des Gefängnisses eingereicht. Eigentlich ist das eine ganz einfache Sache, aber offensichtlich nicht für alle Kunden dieses Ladens. Jedenfalls gibt es immer wieder Probleme. Einer hat mehr bestellt als er bezahlen kann. Dann wird er eben gefragt, was er denn von den bereits im Korb liegenden Dingen doch nicht haben möchte? Aber das zu entscheiden, scheint gar nicht so einfach zu sein. Er überlegt und überlegt und überlegt... Schließlich greift die Kauffrau ganz resolut in den Korb und beschließt, dass er nur zehn statt zwanzig Dosen Thunfisch braucht. Damit ist er einverstanden.

Der Nächste kann zur Kasse treten. Hier ist es genau umgekehrt. Der Bengel hat noch fünf Euro übrig und kann sich einfach nicht entschließen, was er dafür noch kaufen soll. Anscheinend ist es von immenser Wichtigkeit auf jeden Fall alles zur Verfügung stehende Geld auszugeben. Da darf kein Cent übrig bleiben.

Aber irgendwann ist es erledigt und auch dieser Jugendliche ist abgefertigt. So geht es weiter. Einer nach dem anderen kommt an die Reihe. Die Vier hinter der Ladentheke haben gut zu tun.

Endlich ist es geschafft und die erste Wohngruppe zieht wieder ab. Ich denke, dass sie nun wohl doch endlich eine Pause machen werden. Meine Füße sind inzwischen zwar wieder warm geworden, aber ich vertrage das ständige Stehen nicht so gut und deshalb tun sie nun weh. Und mein Mund ist auch schon ganz trocken. Ich will endlich einen Kaffee haben! Aber die Leute im Laden denken ganz und gar nicht an eine Pause. Im Gegenteil, sie drängen darauf, dass sofort die nächste Wohngruppe kommt. Das kann doch nicht wahr sein! Aber was soll ich machen? Ich rufe also über die Funke die nächste Gruppe.

So geht es den ganzen Vormittag weiter, jedenfalls bis es Zeit für den Mittagseinschluss ist. Der Einkauf ist am Wochenende und da schließen wir die Knackis über Mittag immer weg. Der Kauffrau ist das gar nicht recht, sie würde lieber weitermachen. Aber es geht nicht anders. Schließlich ist es schlimm genug, überhaupt am Wochenende arbeiten zu müssen. Da braucht man schon eine anständige Pause zwischendurch. Außerdem brauchen meine Füße nun aber unbedingt etwas Ruhe. Ich werde mich in der Mittagszeit etwas hinlegen. Auf der Frauenstation gibt es einen Ruheraum mit Liege. Dort ist es ganz gemütlich.

Erst jetzt sehe ich, dass die Regale im Laden ziemlich leer geräumt sind. Haben das etwas alles die Jugendlichen gekauft? Die Kauffrau sagt mir, dass sie während der Mittagspause noch einmal losfahren wird, um neue Ware zu holen. Das mache sie immer so, denn am Nachmittag kämen die Frauen und kauften immer besonders viel, weil sie auch selber kochen. Braucht diese Frau eigentlich gar keine Pause? Da wird mir schlagartig klar, dass ich auch noch den ganzen Nachmittag hier werde rumstehen müssen. Meine armen Füße!

Ich wanke in den Ruheraum und falle auf die Liege. Sofort schlafe ich ein, werde aber rechtzeitig von einem Kollegen geweckt. Und schon geht es wieder los. Ich gehe also wieder zum Laden. Einen Kaffee habe ich immer noch nicht bekommen. Den hätte ich mir wahrscheinlich selber kochen müssen. Die Kauffrau schleppt schon wieder Kisten in den Laden. Ob sie erwartet, dass ich mit anfasse? Aber da kommen auch schon die beiden Helfer-Knackis. Und ich passe wieder auf, dass die Sicherheit und Ordnung nicht gefährdet wird.

Nachdem die letzten beiden Wohngruppen der Jugendlichen abgefertigt sind, sollen nun die Frauen an die Reihe kommen. Sie stehen bereits hinter der Stationstür und warten. Ich kann sie schon hören. Es werden jetzt immer nur drei auf einmal vor den Verkaufstresen gelassen, weil die Frauen stets so viel nachfragen und ihnen trotz Bestellschein im Laden doch noch immer so vieles einfällt, was sie auch noch unbedingt brauchen.

Fast jede Frau bekommt ein oder gar zwei Tüten in die Hand gedrückt. Darin sind Waren, die normalerweise nicht im Bestand sind. Für diese schon vorher bestellten D muss die Kauffrau extra in mehrere Geschäfte laufen, um sie zu besorgen. Die Frauen haben aber auch Wünsche! Da werden spezielle Haarwaschmittel, Haarfärbemittel und jede Menge Lebensmittel bestellt. Die scheinen hier ja wirklich zu kochen wie unsereins es nur am Sonntag kennt. Naja, jeden Tag werden die auch nicht so schlemmen. Aber einige Einkäufe sehen schon lecker und vielversprechend aus. Ich wäre schon froh, wenn ich endlich eine Tasse Kaffee bekommen würde.

Ich glaube, ich sehe nicht richtig. Da kommen doch tatsächlich einige Frauen zurück. Die waren doch schon hier! Die haben doch schon eingekauft! Wenn die immer wieder kommen, dann werden wir nie fertig. Jetzt fangen sie an, die eben gekauften Dinge zu reklamieren. Die Haarfarbe ist doch einen Ton zu dunkel, der Putenbraten nicht mehr ganz frisch und so weiter. Mir schwinden die Sinne. Andere Frauen schleppen ganze Wäschekörbe, gefüllt mit Lebensmitteln und Kosmetika aus dem Laden. Was machen die mit all den Sachen? Vielleicht sollte ich mich öfter mal auf der Frauenstation sehen lassen. Vielleicht werde ich dort mal zum Essen eingeladen. Das sieht irgendwie alles ganz lecker aus und aus den Gesprächen entnehme ich, dass einige wohl recht gute Köchinnen sind. Vielleicht lasse ich mich doch auf die Frauenstation versetzen...

Spät am Nachmittag ist auch die letzte Frau fertig mit ihrem Einkauf. Meine Füße, die sich trotz des Mittagsschlafes nicht richtig erholt haben, gleichen riesigen schmerzenden Matschklumpen. Nun muss noch aufgeräumt werden. Aber das geht ziemlich schnell. Es muss nur alles zusammengefegt werden, auch wenn der Platz vor dem Laden aussieht wie eine riesige Müllhalde. Das werden die Hausarbeiter in der kommenden Woche sauber machen. Ich werde mich darum jedenfalls nicht mehr kümmern. Stattdessen bringe ich die beiden Gefangenen zurück auf ihre Stationen. Ich kann mein Glück kaum fassen, aber eine der Frauen lädt mich nun tatsächlich zu einer Tasse Kaffee ein und fragt auch noch, ob ich anschließend mit ihnen essen möchte? Sie würden gleich kochen. Woher nehmen die nur all die Energie? Eigentlich ist es ja nicht erlaubt, aber ich nehme die Einladung trotzdem an. Auf der Station riecht es auch schon so lecker nach gutem Essen. Endlich bekomme ich einen Kaffee und meine Füße kommen auch endlich zur Ruhe. Der nächste Einkauf ist zum Glück erst wieder in zwei Wochen. Bis dahin bin ich wieder fit.

Schulze in der Bücherei

Ich bin es ja schon gewohnt, dass man mich überall mal einsetzt. Aber nun haben sie gesagt, dass ich in der Bibliothek im Jugendvollzug arbeiten soll. Darüber habe ich ja schon Schlimmes gehört. Einen Sack Flöhe zu hüten soll einfacher sein, als den Büchertausch in dieser Anstalt zu überwachen. Na denn...

Aber es sind ja mal wieder alle krank und wenn ich da nicht einspringe, dann könnten die Jugendlichen diese Woche ihren Lesestoff überhaupt nicht erneuern. Das kann einem ja auch irgendwie leid tun. Viele haben doch sonst nichts, nicht einmal einen Fernseher.

Also gehe ich in die Bücherei. Zwei Wohngruppen sollen heute dran sein. Aber bevor die kommen, schaue ich mich selbst mal ein bisschen um. Man will ja schließlich wissen, womit man es zu tun hat. Ich werde mir erst einmal mein Arbeitsmaterial zusammen suchen. Nee, einen PC gibt es hier nicht. Hier wird doch tatsächlich noch alles mit der Hand gemacht. Richtige Karteikarten haben die hier noch. In der Mutteranstalt, dort befindet sich die Zentrale der Knastbücherei, soll es auch schon einen Computer geben. Aber egal, hier wird eben noch mit der Hand gearbeitet. Das kann auch eine Herausforderung sein. Und ich bin bereit, mich dieser zu stellen.

Zunächst einmal schaue ich mir das Lesematerial an. Die Auswahl der Bücher scheint doch schon sehr auf die Jugendlichen abgestimmt zu sein. Allerdings erwecken einige Bücher den Anschein, als könne man sie nicht einmal mehr mit der Kneifzange anfassen. Und die hinein gekritzelten Sprüche treiben so manchem die Schamesröte ins Gesicht. Aber mir nicht. Ich lese erst einmal alles durch, sieht ja keiner. Ist schon interessant...

Dann stehen die Kids plötzlich vor der Tür. Der Beamte schließt die Tür auf und wie eine Hammelherde stürmen sie in den Raum. Ich überlege, ob ich mich besser unter dem Schreibtisch verstecken sollte, bis diese Stampede vorüber ist. Aber nein, ich werde tapfer die Stellung halten. Allerdings verliere ich mal wieder den Überblick. Dabei soll ich doch genauestens darüber Buch führen, von wie vielen Besuchern die Bibliothek aufgesucht wird. Egal, ich schreibe einfach irgendeine Zahl auf, es wird schon stimmen. Diese Jungs zu zählen, kann kein Mensch von mir verlangen. Eher zähle ich eine ganze Herde wild gewordener Büffel in der Pampa.

Und nicht nur das. Jedes der Bürschchen hält mir einen Stapel Bücher unter die Nase. Die wollen sie abgeben. Ich habe mir sagen lassen, dass sie die Bücher einfach alle auf einen Haufen legen sollen. Darum wird sich später gekümmert, wenn diese frei gelassene Meute von lesehungrigen Monstern wieder weg ist. Hoffentlich ist das bald der Fall.

Wieder andere wedeln mit irgendwelchen Zetteln vor mir herum. Das sind wohl die Mahnungen, die sie bekommen haben. Während meiner Einarbeitung habe ich erfahren, dass die Jugendlichen es mit der Rückgabe der Bücher nicht immer so genau nehmen. Dann bekommen sie eben Mahnungen. Und nun behaupten natürlich alle, dass das so auf gar keinen Fall richtig sei. Alle haben ihre Bücher ganz sicher schon längst wieder abgegeben. Und nun fordern sie von mir, doch mal eben ganz schnell in der Kartei nachzusehen. Mir schwirrt der Kopf!

Gleichzeitig soll ich aber auch alle im Auge behalten. So hat die Chefin der Bücherei es mir extra aufgetragen. Denn einige aus diese Bande von Leseratten lässt ganz gerne mal das eine oder andere mitgehen. Aber wie bitte, soll ich alle und alles im Auge behalten, wenn mindestens die Hälfte der Besucher mit ihren Mahnungen vor meinem Augen rumwedelt. So kann ich gar nichts mehr sehen! Der Beamte könnte eigentlich auch mal ein bisschen mit aufpassen. Aber der steht in der Comic-Ecke und zieht sich die neuesten Hefte rein und kichert vor sich hin. Irgendwie schaffe ich es dann doch noch in den Karteikasten zu gucken und die Mahnschreiben zu überprüfen. Und siehe da, die Mahnungen sind nicht zu Unrecht geschrieben. Ziemlich kleinlaut ziehen die Jungs wieder ab.

Die ersten haben sich Bücher ausgesucht und wollen sie nun in die Ausleihe eintragen lassen. Wieder wühle ich in den Karteikarten rum und versuche krampfhaft die zu dem jeweiligen Jugendlichen dazu gehörige Karte zu finden. Zum Glück gelingt es meistens.

Plötzlich steht der Beamte neben mir. Er scheint trotz seiner Vertiefung in die Comics einiges mitbekommen zu haben. Wie macht er das? Er erklärt mir, dass mindestens einer dieser Bengels mir einen falschen Namen angegeben hat. Und ich bin auch noch darauf reingefallen!

Einige wollen sich außer Büchern auch noch Kassetten oder CDs ausleihen. Auch die gibt es hier. Allerdings nur wenige, denn die Dinger werden zwar mit Begeisterung ausgeliehen, aber nur selten wieder zurück gebracht. Und sind die Jungs erst entlassen aus dem Knast, kann keine Mahnung sie mehr erreichen.

Inzwischen stehen sie schon Schlange vor meinem Schreibtisch und auch der Beamte drängelt schon. Er will hier raus. Gleich fängt die Besuchszeit an und bis dahin will er mit der ganzen Gruppe wieder auf der Station sein. Ich beeile mich ja schon, jongliere mit den verdammten Karteikarten und schreibe mir die Finger wund. Schneller kann ich nicht! Endlich aber ist auch der letzte abgefertigt und alle verlassen den Raum. Es kehrt Ruhe ein und ich habe wieder einen freien Blick in die Bücherei.

Aber was muss ich da sehen? Es sieht aus, als hätte eine Bombe eingeschlagen! Wie ist das denn passiert? Wie der Blitz renne ich von einem Regal zum anderen und versuche alles wieder in Ordnung zu bringen. Denn schon steht die nächste Gruppe vor der Tür und ich muss das alles noch einmal über mich ergehen lassen. Ich bin ja so froh, wenn dieser Tag endlich vorüber ist! Noch einmal mache ich hier keine Vertretung.

Schulze übernimmt den Werkbetrieb

Es ist mal wieder so weit. Mein Einsatz ist wieder gefordert. Dieses Mal muss ich den Werkbetrieb der Frauen übernehmen. Zwar gibt es dort sogar zwei Bedienstete, aber trotzdem kommt es dort immer wieder zu Engpässen und dann ist niemand da, der die Frauen bei der Arbeit beaufsichtigen könnte. Was haben die beiden Kolleginnen eigentlich immer so Wichtiges zu tun, dass keine von ihnen im Werkbetrieb sein kann? Naja, jeder kann ja mal krank werden. Und es gibt hier schließlich keine Springkräfte. Und wozu bin ich denn schließlich da?

So schlimm kann das nicht werden, denn wie ich gehört habe, arbeiten die Frauen sowieso fast nie den ganzen Tag – und kriegen dann auch weniger Geld. Aber es sind ja nie genügend Aufträge vorhanden. Da wird es nicht weiter auffallen, wenn auch ich sie schon mittags wieder auf die Zellen schicke. Sie sind es ja eh nicht anders gewöhnt und ich habe den ganzen Nachmittag zu meiner freien Verfügung. Vielleicht kann ich dann endlich einmal etwas für mich tun. Zu Hause kommt unsereins ja doch nicht dazu.

Pünktlich um sieben Uhr bin ich im Werkraum. Schnell gehe ich in den Frauenvollzug und hole die Arbeiterinnen. Die Abteilung liegt gleich neben der Arbeitshalle. Das ist praktisch, da brauchen die Inhaftierten nicht einmal richtig die Station zu verlassen. Einige behaupten allerdings, dass sie sich dadurch noch eingesperrter fühlen als ohnehin schon. Die sind aber auch nie zufrieden.

Endlich kann ich mal wieder die Glocke läuten. Bei diesem Ton wissen alle, dass sie zur Arbeit zu erscheinen haben. Wahrscheinlich werden auch die Beamten bald so gerufen werden. Es gibt Gerüchte, die sagen, dass die Häuser rund um den Knast wieder ausnahmslos von Justizbediensteten bewohnt werden sollen, wie es früher ja auch der Fall war. Wenn dann morgens eine Sirene ertönt, haben wir alle zur Arbeit anzutreten. Bei Nichterscheinen wird ein Inspektor unangemeldet in der Wohnung auftauchen und prüfen, wie es mit der Arbeitsmoral steht. Das soll helfen, den immer höher werdenden Krankenstand abzubauen. Langfristig ist geplant, nur noch eine ganz begrenzte Menge an Krankentagen zu bezahlen. Bei den Knackis wird schließlich kein einziger bezahlt, denn wer wirklich krank ist, braucht auch kein Geld!

Außerdem sollen so die Lebensverhältnisse der Bediensteten denen der Gefangenen angeglichen werden. Früher war das ja mal umgekehrt. Da sollte das Leben im Knast dem draußen angeglichen werden. Aber das ist ja heutzutage gar nicht mehr möglich. Also wollen sie es jetzt mal anders herum probieren.

So schnell, wie ich dachte, ist keine der Frauen im Werkbetrieb. Das gibt mir Zeit, mich ein wenig umzuschauen. Maschinen gibt es hier nicht, was mir im Moment allerdings ganz gut passt, denn wer weiß, ob ich damit umgehen könnte. Hier werden aber ganz offensichtlich nur allereinfachste Arbeiten verrichtet. Das könnte sogar ich.

Hauptsächlich werden Etiketten auf irgendwelche Dinge geklebt. Ein Billiganbieter lässt hier regelmäßig seine Waren neu auszeichnen. Scheint sich ja zu lohnen. Aber die Frauen verdienen ja auch nicht viel, eigentlich fast gar nichts. Trotz der Lohnanpassung kann der Knast Personal immer noch konkurrenzlos billig anbieten. Dagegen ist Ostasien richtig teuer. Das soll erst mal einer nachmachen. Genügend Aufträge kommen aber trotzdem nicht rein.

Da kommen auch schon die ersten Frauen und setzen sich nicht an die Tische, sondern gehen durch in den Pausenraum. Fangen die etwa gleich mit einer Pause an? Na, von mir aus. Dann trinke ich auch erst einmal einen Kaffee. Warum auch sollten es die Gefangenen anders als die Bediensteten machen?

Die Beamtinnen der Frauenstation allerdings haben nicht einmal einen richtigen Pausenraum. Die müssen den ganzen Tag in dieser Büro-Küche, oder was das sein soll, sitzen und dort viele Stunden verbringen. Übergabe zwischen den Schichten, Vollzugsplanungskonferenzen oder Besprechungen über Frauen, die nicht so parieren, wie sie sich das vorstellen. All das muss an dem großen Tisch in der Mitte des Raumes gemacht werden. Sogar eine hübsche Einbauküche mussten sie in den Raum einbauen lassen. In all dieser Hektik müssen sie nun Tag für Tag das von zu Hause mitgebrachte Mittagessen aufwärmen, nachmittags für die gemeinsame Kaffeetafel decken und Berichte schreiben. Jeder setzt sich dort hin, will mal eben schnell einen Kaffee trinken, frühstücken, die Zeitung lesen oder mit der Kollegin reden. Zwischendurch sind auch noch diverse Telefonate zu führen, mit dem Mann, der Schwiegermutter und den Kollegen. Da kommen sie kaum dazu, auch noch mal einen ungestörten Blick in den Spiegel zu werfen und die Frisur wieder herzurichten. Dabei schieben sie jede Menge Überstunden vor sich her. Wann sollen die eigentlich mal abgegolten oder abgebummelt werden? Dann kann ich nämlich wieder auf der Frauenstation Dienst schieben.

Da haben es die inhaftierten Frauen doch sehr viel besser. Die haben wenigstens einen richtigen Pausenraum in ihrem Werkbetrieb. Und an so etwas wie Überstunden brauchen die gar nicht erst zu denken.

Also trinken wir jetzt erst mal alle zusammen Kaffee. So viel Arbeit ist auch gar nicht da. Wenn sie sich wirklich darauf stürzen würden, dann könnte ich schon nach einer halben Stunde alle wieder in die Zellen schicken. Das geht nicht. Das macht einen allzu schlechten Eindruck. Und zwischendurch arbeitet ja auch immer mal wieder eine.

Hier habe ich sogar ein eigenes Büro. Da kann ich nachher mal in aller Ruhe meine Frau anrufen. Merkt doch kein Mensch, so ein Telefon sieht irgendwie immer nach Arbeit aus. Und so scheine nicht nur ich zu denken, denn nun klingelt das Ding schon zum dritten Mal heute Morgen. Und immer sind es Anrufe für eine der beiden Damen, die hier sonst arbeiten. Und ich weiß doch gar nicht, was ich den Leuten, die hier anrufen, sagen soll. Ich tu einfach immer so, als hätte ich überhaupt keine Zeit. Woher soll ich denn wissen, welche Aufträge angenommen werden können und welche nicht?

Eigentlich vergeht der Vormittag ziemlich schnell. Und die Arbeit ist auch geschafft. Allerdings bleibt für heute Nachmittag tatsächlich nichts mehr übrig. Ich muss die Mädels wirklich auf die Zellen schicken. Immerhin kann ich mir so ein paar schöne Stunden machen. Klar, könnte ich mich auch um neue Aufträge bemühen, aber das hat auch Zeit bis morgen. Es reicht doch, wenn die Frauen wenigstens ein paar Stunden am Tag arbeiten können.

Schulzes Bekanntmachung

Der uns allen bekannte Hans-Hermann Schulze wird die Anstalt zwecks einer Fort- und Umschulung für geraume Zeit verlassen. Er hat sich entschlossen, ein Seminar für Führungskräfte des Vollzugsdienstes (Schwerpunkt: Chancen der Organisation und Reorganisation in Feinabstimmung mit bislang unerkannten Einsparungspotenzialen im Vollzug) zu besuchen. Es ist also gut möglich, dass wir ihn bald in gehobener Position hier wieder sehen werden. Nach eigenen Aussagen, fühlt er sich dieser Aufgabe in jeder Hinsicht gewachsen.

Schulze im Sanitätsdienst

Eigentlich wollte ich ja einen Fortbildungskursus besuchen, um anschließend in den gehobenen und noch höheren Dienst aufzusteigen. Das habe ich auch gemacht, also den Fortbildungskurs, mit der Übernahme in den gehobenen Dienst hat es bisher noch nicht geklappt. Aber ich arbeite daran.

Im Moment geht in diesem Hause mal wieder alles drunter und drüber und natürlich haben sie da mich gefragt, ob ich nicht noch mal eben wieder einspringen könnte. Sonst will ja keiner was von mir wissen, aber in solchen Situationen kommen sie dann an. Na, dann muss der höhere Dienst eben noch eine Weile auf mich warten, aber man hat mir versprochen, an mich zu denken, wenn da etwas frei werden sollte.

Den Sanitätsbereich soll ich übernehmen. Da ist kaum noch Personal vorhanden. Naja, es ist Sommer und die Kollegen wollen schließlich auch mal Urlaub machen.

Ich wollte diese Abteilung schon immer einmal kennenlernen und so habe ich kurz entschlossen zugesagt. Der Sanitätslehrgang war schnell erledigt. Zudem habe ich ja vor einigen Jahren, als ich meinen Führerschein gemacht habe, diesen Erste-Hilfe-Lehrgang absolvieren müssen. Mit all dem fühle ich mich meiner neuen Aufgabe eigentlich ganz gut gewachsen.

Los geht es mit der Methadonausgabe. Da kann selbst ich nicht viel falsch machen. Wie viel jeder bekommt, steht auf einer Liste. Die brauche ich nur abzulesen. Das kann ich.

Leider wollen einige danach auch noch etwas von mir, weil sie angeblich irgendwelche Wehwehchen haben. Na, von mir aus. Die sollen erst mal alle ins Wartezimmer gehen. Irgendwie sieht dieser sogenannte Warteraum ja auch ein bisschen merkwürdig aus, jedenfalls nicht so, wie man sich im Allgemeinen einen Warteraum in einer Arztpraxis vorstellt. Aber ein Arzt ist hier ja auch nur selten anwesend.

Das Behandlungszimmer sieht zwar so aus, wie man sich eines vorstellt, nur scheint hier die Zeit stehen geblieben zu sein. Ich fühle mich in die Zeit meiner Kindheit zurück versetzt. Und das ist schon ziemlich lange her.

Zunächst muss ich mir mal in aller Ruhe überlegen, wie ich die Situation in den Griff bekomme. Zum Glück bin ich mit den Patienten, so muss ich die Knackis jetzt ja wohl nennen, nicht alleine. Es ist immer ein Beamter dabei. Das ist mir sehr recht, so fällt es nicht so auf, dass ich eigentlich gar nicht weiß, wovon ich rede. Ich werde versuchen, ziemlich selbstbewusst und bestimmt aufzutreten, werde keinen Widerspruch dulden und gebe jedem, der über Schmerzen klagt, ein paar Schmerztabletten. Vielleicht auch noch eine Salbe. Das muss dann aber auch genügen und kann in keinem Fall schaden. Einige scheinen damit zwar nicht ganz einverstanden zu sein, aber denen steht es ja frei, eine Beschwerde einzureichen. Die meisten sind aber doch ganz zufrieden. Etwas anderes scheinen sie ohnehin nicht gewohnt zu sein.

Eine Frau kommt, weil sie schon vor etlichen Wochen vom Augenarzt eine neue Brille verschrieben bekommen hat. Ich möchte wissen, wie sie es hingekriegt hat, eine Ausführung zum Augenarzt zu bekommen? Der Optiker ist auch da. Der ist irgendwie von irgendwem benachrichtigt worden. Aber auch erst nachdem eine Beschwerde geschrieben worden ist. Trotzdem ist meinem Kollegen damit eine Glanzleistung gelungen. So etwas ist hier nicht alltäglich. Aber ich sag´s ja immer: So eine Beschwerde kann wahre Wunder bewirken, jedenfalls manchmal. Dieses Mal aber nicht, denn es stellt sich heraus, dass zwar der Optiker mitsamt seinen Kassenbrillen hier ist, aber die Kostenübernahme in diesem Fall keinesfalls geklärt ist. Na, dann wird eben nichts aus der Sache. Das muss erst noch einmal bearbeitet werden. Das dauert ein paar Wochen. Wahrscheinlich muss die Frau dann noch mal zum Augenarzt, weil sich ihre Sehschwäche schon wieder weiter verschlimmert hat. Das passiert eben, wenn man eine falsche Brille trägt.

Nachdem auch der letzte meiner Patienten abgefertigt ist, wird es Zeit die Anträge zu bearbeiten. Wer zum Arzt will, muss nämlich zuvor einen Antrag stellen. Auf dem kann er darlegen, aus welchem Grund er einen Arzt zu konsultieren wünscht. Es kann doch nicht jeder einfach so mir-nichts-dir-nichts zur Visite kommen. Die Zeiten sind vorbei. Die wollen sich doch sowieso nur alle vor der Arbeit drücken oder Kassiber hin und her schieben. Jedenfalls wird es ganz oben so gesehen. Das habe ich selbst in der Zeitung gelesen. Allerdings liegen eine ganze Menge Anträge auf meinem Schreibtisch, eine sogar recht große, fast schon gewaltige Menge. Die alle zu bearbeiten, wird eine ganze Weile in Anspruch nehmen.

Einer schreibt, dass er ganz fürchterliche Bauchschmerzen habe. Und woher soll ich nun wissen, ob der sich einfach nur mal wieder nach dem letzten Einkauf die Wampe zu voll geschlagen hat oder ob ihm gerade der Blinddarm platzt? Also, ganz so, wie die da oben es sich vorstellen, kann ich das hier aber auch nicht machen. Ich werde mir den Patienten doch lieber mal persönlich ansehen. Sonst bin ich am

Ende noch Schuld, wenn wirklich etwas passiert. Andererseits können die Gefangenen ja auch abends den Notarzt kommen lassen. Sie müssen nur eindringlich genug darauf bestehen. Ich würde es an ihrer Stelle tun.

Die Sache mit den Anträgen ist ja auch nur eingeführt worden, weil es einfach nicht mehr möglich ist, regelmäßig Sprechstunden abzuhalten. Früher war das zwar so üblich, aber heutzutage geht das eben nicht mehr. So ein Arzt ist schließlich teuer. Und so ein paar Kopfschmerztabletten können auch auf den Stationen von den Beamten ausgegeben werden. Das kriegen die auch hin. Nun kommt eben nur noch hin und wieder mal, eigentlich nur noch ganz selten ein Arzt, um eine richtige Sprechstunde abzuhalten. Aber es geht ja auch so. Sieht man ja. Bei jeder Kleinigkeit muss man schließlich auch nicht gleich zum Arzt rennen. Es wird schon irgendwie gut gehen. Und die meisten bleiben ja auch gar nicht so lange hier, die können dann auch draußen, wenn sie entlassen sind, zu einem Arzt gehen. So lange werden sie sich schon irgendwie über Wasser halten. Ein bisschen muss man auch mal was aushalten können.

Einige von den Insassen beantragen sogar eine Ausführung zu einem Facharzt nach draußen. Früher war so etwas tatsächlich mal üblich, aber heute ist so etwas doch viel zu teuer und wird auch nur noch in ganz, ganz seltenen Fällen praktiziert. Man muss sich mal klar machen, was das kostet. Da muss ja nicht nur der Arzt bezahlt werden. Nein, da muss dann auch noch das nötige Wachpersonal zur Verfügung gestellt werden. Schließlich sind zu so einer Ausführung immer zwei Mann Begleitung erforderlich. Und das bei der Personalknappheit hier! Nee, so eine Ausführung kann man sich heute kaum noch leisten.

Aber ich schweife ab, dabei muss ich noch immer diesen Stapel Anträge bearbeiten. Wenigstens ist das eine bequeme und saubere Arbeit, bei der ich meine Ruhe habe und die ich gut am Schreibtisch erledigen kann.

Leider wurde ich im Sanitätsdienst nur ein paar Tage eingesetzt. Ich wäre gerne länger geblieben. Aber nun werde ich mich doch um eine höhere Position bewerben. Wozu habe ich denn sonst diesen Fortbildungskurs gemacht? Das war anstrengend genug. Immerhin kann ich darauf verweisen, mich in vielen Bereichen der Anstalt auszukennen und sie aus eigener Anschauung zu kennen. Das können von den Oberen nicht viele von sich sagen.

Schulze wird Teilanstaltsleiter

Nachdem die Teilanstaltsleiterin der hiesigen JVA sich ganz überraschend, aber wirklich so was von überraschend, dazu entschlossen hat, diesen Platz zu räumen, hat man mich gebeten, diesen Posten zu übernehmen. Ich habe sofort zugesagt. So einen Job wollte ich ja schon immer mal haben. Wofür habe ich schließlich den Lehrgang für den gehobenen und noch höheren Dienst gemacht? Von dieser Schulung werde ich irgendwann einmal auch noch berichten. Das war wirklich interessant.

Meine Vorgängerin hat überstürzt die Koffer gepackt. Es ist ja nie so richtig heraus gekommen, warum die eigentlich gegangen ist, auch wenn es da die wildesten Gerüchte gibt. Aber ich sage ja nichts, ich halte meinen Mund. Jedenfalls war nicht nur vereinzelt so eine Art erleichtertes Aufatmen zu hören. Wahrscheinlich hat sie wohl doch die ein oder andere Verfügung zu viel erlassen, also bestimmt, was wie und wo zu geschehen hat. Und auch sonst soll ja noch so einiges passiert sein. Aber wie gesagt: Ich halte meinen Mund. Von mir wird nichts zu erfahren sein.

Aber ich kann verstehen, warum so viel verfügt wird. Es ist doch einfach zu schön, so gemütlich in einem großen Sessel zu sitzen und zu verfügen. Schon das Wort zergeht einem doch auf der Zunge. V E R F Ü G U N G: Da weiß man erst so richtig, was es heißt, Macht zu haben. Auch wenn es damit eigentlich gar nicht so weit her ist, denn im Grunde kann doch der Teilanstaltsleiter hier kaum noch etwas beschließen. Es wird ja doch alles noch viel weiter oben entschieden, Aber da komme ich auch noch hin.

Und wenn ich schon nicht bestimmen darf, so kann ich doch jede Menge Vorschläge machen. Die Chancen stehen nicht schlecht, dass diese höheren Ortes auf ein gehörige Portion Wohlwollen treffen. Ein paar Freiheiten hat so ein Teilanstaltsleiter doch immer noch, ohne dass man sich nach oben rückversichern muss, dass das, was man da gerade sagt, auch in Ordnung ist. Man kann zum Beispiel dafür sorgen, dass die Flure immer sauber sind und dass nicht zu viel von Fenster zu Fenster gependelt wird. Pendeln heißt es, wenn mittels eines Taus, der um einen Gegenstand, zum Beispiel ein Päckchen Tabak, gewickelt wird, dieses von einem Fenster zum anderen transportiert wird.

Wenn sich jemand nicht an die Regeln hält, so kann man per Verfügung Disziplinarmaßnahmen verhängen. Doch, dabei weht einem schon noch ein bisschen der Hauch der Macht um die Nase. Und das ist ja auch das, was diesen Posten für mich so interessant gemacht hat. Ich bin schließlich lange genug von meinen Kollegen immer so ein wenig komisch angeguckt worden. Die haben mich fast nie so richtig etwas alleine machen lassen. Trotzdem waren fast alle froh, dass ich die Leitung der Teilanstalt jetzt übernehme. Sie meinten, da hätten die da oben mal eine gute Entscheidung getroffen. Sie würden mich auch unterstützen und mir sagen, wo es langgeht. Irgendwie habe ich dabei wieder so ein komisches Gefühl bekommen. Früher waren sie mir gegenüber doch auch nie so hilfsbereit, haben mir, wie schon gesagt, doch immer auf die Finger geguckt.

Jedenfalls kenne ich mich hier aus. Es gibt kaum eine Station oder einen Bereich, wo ich nicht schon mal gewirkt hätte. Damit habe ich anderen viel voraus und deshalb habe ich den Job ganz sicher auch bekommen. Ich bin fest entschlossen, meine Kenntnisse effektiv einzusetzen. Das verspreche ich! Auch werde ich natürlich für Ordnung in der Anstalt sorgen.

Schon letzte Woche hatte ich Gelegenheit, das unter Beweis zu stellen. In Erwartung meiner künftigen Aufgabe und Stellung schlenderte ich über den Hof und sah dabei doch tatsächlich aus einem der Fenster etwas langes Weißes hängen. Natürlich war mir sofort klar, dass da mal wieder gependelt wird. Und das ist verboten, weiß doch jeder. Diese dauernde Pendelei der Gefangenen ist eine ganz schlimme Angewohnheit. Können die nicht warten, bis die Türen aufgehen, wäre doch viel einfacher. Schließlich sind die Türen eine ganze Stunde am Tag auf. Da haben sie doch wohl genügend Zeit, um miteinander zu tratschen und ihre Geschäfte abzuwickeln. Ich habe also dem zuständigen Stationsbeamten über Funk Bescheid gegeben. Der hat sich der Sache dann auch sofort angenommen. Als er mir Meldung machte, gab er etwas kleinlaut an, dass das, was ich gesehen hatte, lediglich der Schlauch der Waschmaschine gewesen sei, der aus dem Fenster hinge. Ich war beruhigt.

Wenn ich nun so um meine Anstalt gehe und all die Jungs bei der Wäsche sehe, freue ich mich immer, wie erfolgreich unser Appell für mehr Sauberkeit doch gewesen ist. Da wird jetzt wirklich überall schmutzige Wäsche gewaschen. So schlecht sind meine Jungs hier also gar nicht. Wenn man vernünftig mit ihnen spricht, dann hören sie auch auf das, was man ihnen sagt. Man muss sie nur richtig zu nehmen wissen.

Aber ein paar Verfügungen werde auch ich erlassen. Der Versuchung kann ich nicht widerstehen. Was könnte man denn mal verfügen? Da muss einem auch erst mal was einfallen. So einfach, wie ich dachte, ist das gar nicht.

Ich hab´s! Ich werde den Frauenvollzug dazu verdonnern, den Beamten regelmäßig einen Mittagstisch zu bereiten. Einige von denen können nämlich verdammt gut kochen. Ich hatte oft genug Gelegenheit das zu erfahren. Damit komme ich einerseits einmal täglich zu einem anständigen Essen und muss mir nicht immer den Henkelmann von meinem Eheweib füllen lassen. Andererseits schaffe ich Arbeitsplätze für die Frauen. Na, besser geht es doch gar nicht. Das soll mir erst mal einer nachmachen. Aber wie kriegen wir das finanziert? Darüber muss ich mir noch ein paar Gedanken machen. Vielleicht gibt es irgendwelche europäischen Fördertöpfe, die dafür in Frage kommen? Die anzuzapfen lohnt fast immer und macht gleichzeitig einen guten Eindruck. Es wirkt so global, so weitsichtig und tolerant. Außerdem eröffnet das die Möglich, irgendwann einmal zu irgendeinem internationalen Treffen zu fahren. Billiger kann ich doch gar nicht an einen Urlaub kommen. Und Geld kommt auch in die Knastkasse.

Die Jungs werde ich dazu verdonnern auf den Freiflächen rund um die Gebäude Ackerbau und Viehzucht zu betreiben. Dafür gibt es bestimmt auch noch mal Fördergelder. Zudem schafft auch das wieder Arbeitsplätze. Und das Gemüse und die Milch für die Küche wird auch billiger. Natürlich werden wir all das Zeugs ganz und gar ökologisch anbauen. Dann können uns auch die Grünen nichts anhaben. Besser geht´s wirklich nicht. Ja, ich habe viel gelernt auf dem Lehrgang.

Haus Nummer III steht nun schon so lange leer. Das könnten wir an die Touristikbranche vermieten. Ein führendes Unternehmen dieser Sparte hat bereits Interesse angemeldet. Die wollen dort so etwas wie Erlebnisurlaub der besonderen Art anbieten. Ist ja auch toll, mal so eine Nacht im Knast zu verbringen. Das haben die uns in irgend einem Land anlässlich eines Neubaus schon mal vorgemacht. Da waren doch auch alle Promis ganz scharf drauf, endlich mal im Knast schlafen zu dürfen. Das können wir auch bieten. Und wieder fließt Geld in die leeren Kassen.

Gleichzeitig öffnen wir auf diese Weise den Vollzug nach außen. Das soll ja der Resozialisierung so ungemein förderlich sein. Ausgesuchte Knackis können dann mal auf ein Schwätzchen zu den Touristen rüber gehen. Die finden das bestimmt ganz spannend, mal mit einem echten Ganoven sprechen zu dürfen. Da schaffen wir gleichzeitig für die Insassen noch ein anständiges soziales Umfeld. Tolle Idee und einfach nicht zu widerlegen. Und die Frauen werden dafür sorgen, dass unsere Gäste auch anständig bewirtet werden.

Die Stationen werden sich weitestgehend selbst verwalten. Denen scheint es ja sowieso lieber zu sein, wenn ich nicht so viel dreinrede. Und ich kann mich mehr um die wirklich wichtigen Dinge in der Anstalt kümmern, nämlich wie ich den Kasten so vermarkte, dass immer genug Geld im Pott ist.

Aber das kriege ich hin. Ich hab da noch so einige Ideen auf Lager. Wenn wir das alles umsetzen, dann brauchen wir die geplante neue Anstalt gar nicht mehr. Das spart dann aber wirklich jede Menge Geld und ich werde befördert. Ob dann wohl wieder ein erleichtertes Aufatmen allerorten zu hören sein wird?

Gerade habe ich gehört, dass man sich in letzter Minute doch für einen anderen Teilanstaltsleiter entschieden hat. Wahrscheinlich hat man Angst vor meinem innovativen Entscheidungswillen bekommen. Jedenfalls stehe ich zur Verfügung, wenn mal wieder so ein Posten vakant ist.

Briefe des eifrigen Schließers Schulze

Unserem „Schließer" reichten die Berichte in der Gefangenenzeitung nicht mehr, er wollte mit der Außenwelt oder was er dafür hielt, in Kontakt treten und begann Briefe an die einzelnen Abteilungen und Leitung der Justizvollzugsanstalt zu schreiben, was bis zu einem gewissen Grad sogar schmunzelnd geduldet wurde. Antworten erhielte Schulze jedoch nie.

Schulzes Brief an den Schulleiter

Sehr geehrter Herr Schulleiter,

Seit einiger Zeit arbeite ich nun schon hier in der JVA und immer wieder passiert es mir, dass ich Gefangenen begegne, die mir in Wort und Schrift überlegen sind. Auf die Dauer, das muss ich zugeben, nagt das an meinem Selbstbewusstsein. Ich bin es leid, meine Briefe und sonstigen Schriftstücke ständig von Inhaftierten kontrollieren lassen zu müssen, die das zwar bereitwillig tun. Aber ich befürchte, dadurch auf Dauer in ein gewisses Abhängigkeitsverhältnis zu geraten. Zwar wird dies von den Betroffenen bestritten, aber mir wäre es lieber, ohne deren Hilfe auskommen zu können. Auch dieser Brief wurde von einem Inhaftierten geschrieben, wenn auch nach meinen Vorgaben.

Außerdem strebe ich nach wie vor einen leitenden Posten innerhalb der JVA an und auch dafür scheint es mir angezeigt, meine schulische Bildung zu vervollkommnen.

Mein Hauptschulabschluss an der zweiklassigen Dorfschule in meinem Heimatort liegt bereits mehrere Jahre zurück. Zwar habe ich die Prüfung damals ohne größere Schwierigkeiten bestanden, aber durch die damaligen Kurzschuljahre entfiel doch einiger Unterrichtsstoff. Zudem war ich oft gezwungen, dem Unterricht fern zu bleiben, da ich schon damals etwas kränklich war und mir gerade in den Wintermonaten der lange Schulweg nicht leicht fiel. Auch heute habe ich es ja noch oft an den Füßen, weswegen mir auch so manches Mal die langen Wege in der Teilanstalt Nummer VI so schwer fallen.

Jedenfalls ist mir klar geworden, dass es bei mir doch einige Wissensdefizite gibt. Dieser Mangel an Wissen wird mir oft schmerzlich bewusst und ich möchte etwas dagegen tun.

Darum nun meine Bitte oder Frage an Sie: Ist es möglich, mich in der Schule der JVA zu beschulen? Ich würde gerne, natürlich in meiner Freizeit, am Unterricht teilnehmen. Es macht mir auch überhaupt nichts aus, gemeinsam mit Inhaftierten die Schulbank zu drücken, zumal es ja erwiesen ist, dass es nur von Vorteil für das interne Klima zwischen Insassen und Beamten sein kann, wenn auch der Vollzugsbedienstete Schwächen zugibt.

Ich hoffe auf Ihr Verständnis und eine positive Antwort.
Hochachtungsvoll
Gez. Hans-Hermann Schulz

Schulzes Brief an den Leiter des Sozialdienstes

Sehr geehrter Herr Sozialdienstleiter,
Seit einiger Zeit bin ich als Springkraft im Allgemeinen Vollzugsdienst der JVA tätig und natürlich möchte ich mich auch zu Weihnachten nützlich machen und mich in gewohnter Art und Weise engagieren.

Wie ich gehört habe, werden Sie zum Jahresschluss ein großes Adventssingen veranstalten. Dafür möchte ich mich hiermit bewerben. Zwar bin ich intellektuell nicht immer ganz in der Lage den tieferen religiösen Sinn dieser Zeit zu erfassen, aber das kann ich durch Inbrunst beim Singen wettmachen. Ich verfüge über eine schöne Stimme: alter Bass, besonders wohlklingend in Dissonanzen in Moll.

Auch verfüge ich über einige Übung im Singen, denn schon seit Jahren bin ich erster Vorsänger in unserem Brieftaubenverein und mit Stolz kann ich sagen, dass wir beim alljährlichen Singen in der Gehörlosenschule beachtliche Erfolge zu verzeichnen haben.

Ich würde mich also freuen, auch bei dem von Ihnen veranstalteten Adventssingen hier in der JVA teilnehmen zu dürfen.
Hochachtungsvoll
Gez. Hans-Hermann Schulze

Schulzes Brief den Leiter der Teilanstalt V

Sehr geehrte Damen und Herren,

Seit geraumer Zeit arbeite ich in der JVA Bremen. Leider ist es mir bisher noch nicht gelungen, einen für mich befriedigenden Arbeitsplatz zu finden. Da ich nun jedoch gehört habe, dass es in der Teilanstalt Nummer V besonders ruhig zugehen soll, bin ich fest davon überzeugt, genau dort einen dauerhaften Platz für mich finden zu können.

Gestützt wird mein Wunsch durch die Feststellung, die ich auf dem letzten Pensionärstreffen der JVA machen durfte: Dort waren viele ehemalige Mitarbeiter der Teilanstalt V anwesend und ausnahmslos alle machten einen sehr gesunden und immer noch frischen Eindruck. Das hat mich in der Absicht bestärkt, mein Glück ebenfalls in der Teilanstalt V zu suchen, zumal ja auch ich in wenigen Jahren in Pension gehen werde. Da erscheint mir ein Tätigkeit in Ihrer Teilanstalt genau das Richtige zu sein, um mich auf den bevorstehenden Ruhestand vorzubereiten.

Ich garantiere Ihnen, dass ich ein leicht zu führender Mitarbeiter bin, schon deshalb, weil ich oft die Zusammenhänge oder Hintergründe der getroffenen Verfügungen nicht begreife, sie aber immer gerne und geflissentlich umsetze.

Allerdings muss ich darauf hinweisen, dass ich Probleme mit den Füßen habe, und nicht in der Lage bin, weite Wege zurückzulegen. Eine sitzende Tätigkeit ist also angezeigt.

In der Hoffnung bald von Ihnen zu hören

Hochachtungsvoll
Gez: Hans-Hermann Schulze

Doch kommen wir nun endlich zur Politik...

Giselle Gründlich

Giselle Gründlich ist eine fiktive Figur, die meint, im Abgeordnetenbüro eines sich für renommiert haltenden Politikers als Reinigungsfachkraft zu arbeiten. Leider kommt sie dieser Aufgabe nur gelegentlich nach, denn der politische Alltag holt sie immer wieder ein, zumal sie fest davon überzeugt ist, auch in politischer Hinsicht für Ordnung sorgen zu müssen und sich verpflichtet fühlt, ihre Meinung darüber kundzutun. Alle Versuche, sie genau davon abzuhalten sind bisher kläglich gescheitert.

Guten Tag,
mein Chef ist im Urlaub, das das heißt, ich muss den Laden hier aufrechthalten. Dazu gehört es natürlich auch, dass ich ihn in der Öffentlichkeit vertrete. Er war zu bescheiden, um mein Angebot anzunehmen aber ich lasse ihn da nicht im Stich.

Zunächst bin ich mal auf so eine Veranstaltung aller Leute aus der Medienbranche gegangen. Meine Freundinnen und Kolleginnen Frau Kaminski und Frau Özul konnte ich dieses Mal leider nicht mitnehmen, sie hatten keine persönliche Einladung. Ich auch nicht, aber ich habe die von meinem Chef genommen. Also, lauter Reporter vom Fernsehen und der Zeitung waren da. Da musste ich mich schick machen. Ich hab mein Kostüm angezogen, das hellblaue, das ich nur zu ganz feinen Anlässen anziehe und das danach immer wieder unter einer rosa Schonhaube aus Plastik verschwindet.

Das Kostüm habe ich vor fünfzehn Jahren mal von meiner Schwester bekommen, die kann sich so was leisten, die ist mit einem Beamten verheiratet. Aber ich schone das Kostüm immer, und es ist wirklich noch wie neu. Auch in meine Pumps mit den Blockabsätzen habe ich mich hinein gequält. Die drücken ein bisschen, aber wenn ich sitze, dann streife ich sie unter dem Tisch ab. Merkt kein Mensch.

Nur dass man bei dieser verdammten Mediennacht nicht sitzen konnte. Von wegen schön gedeckte Tische... Alle standen rum und standen und standen. Zwischendrin liefen hübsche junge Kellnerinnen und Kellner rum und reichten Sekt mit Aprikosensaft. Der war lecker. Vorne auf der Bühne unterhielten sich ein paar Wichtige darüber, was nun besser sei, das Fernsehen, die Zeitung oder das Internet. Das sollte der Veranstaltung den nötigen Ernst verleihen. Es dauerte nur gut fünfzehn Minuten lang, dann wurde das Buffet eröffnet. Zugehört hat eh kein Mensch. Meine Füße brannten bereits wie Feuer in den Pumps. Vielleicht hätte ich mir die Dinger damals doch eine Nummer größer kaufen sollen.

Ich bin dann gleich zum Buffet gegangen und dort habe ich natürlich eine ganze Menge Bekannter getroffen. Die standen da alle schon in einer langen Schlange an. Den Vortrag haben die gleich ganz geschwänzt. Also, die kennen mich ja alle aus dem Büro und so kommt man schnell ins Gespräch und vereinbart den ein oder anderen Bericht in der Zeitung oder im Fernsehen. „Ach, das ist ja interessant, darüber lass uns doch mal was machen", ist eine beliebte Floskel und kommt immer gut an. Nachdem ich meine Tupperdose für Frau Kaminski und Frau Özul gefüllt hatte, habe ich mich mit meinem vollen Teller an einen Tisch gestellt und mich umgeguckt. Sitzen konnte ich wieder nicht.

Fein gemachte Politikmenschen aus allen Parteien waren da, aus unserer auch. Jeder und jede hat irgendwie mit jedem und jeder geredet. Das nennt man Networking und meint, dass man hinterher, also wenn man mal zusammen gesoffen und gefressen hat, besser miteinander arbeiten kann. Das stimmt vielleicht auch. Zwei oder drei sehr junge und sehr geschminkte Mädchen in sehr kurzen Röcken auf sehr hohen Schuhen waren auch da. Die hatten hinterher sicher noch etwas anderes vor. Mit wem wohl?

Mit freundlichen Grüßen
Frau Giselle Gründlich

PS: Wenn ich das nächste Mal zu so einem Abend muss, dann nehme ich mir einen Klappstuhl mit, das schont meine Füße.

Guten Tag,
ich helfe hin und wieder einer Kollegin, die bei einer großen Firma arbeitet. Diese Firma macht im Osten der Republik in Sachen Filme und Bücher. Meine Kollegin ist, wie ich, dafür verantwortlich, dass alles immer schön sauber aussieht. Wenn ich dort aushelfe, begleitet mich dann meist Frau Kaminski, auch sie verdient sich gerne mal ein paar Euro dazu. So haben wir uns also letztes Wochenende auf den Weg gemacht und sind nach Leipzig gefahren. Es ist ja auch immer schön, wenn unsereins einmal rauskommt. Also, es war ein schönes Fest bei dem wir aushelfen sollten und wir konnten mal sehen, wie Mann und Frau sich so bewegen in der Glamour-Welt. Da darf schließlich nicht jede oder jeder hin, es geht nur mit Einladung und die wird am Empfang kontrolliert. Wer da durchkommt, kriegt erst mal ein buntes Getränk in die Hand gedrückt. Lecker! Ich hab' gleich ein paar mehr getrunken. Fest steht aber, dass man, Frau auch, unbedingt schwarz trägt. Gäste, Bedienungspersonal und die Jungs von der Band – alle in schwarz. Das allerdings macht es, jedenfalls für Frau Kaminski und mich, etwas schwer, zu unterscheiden, wen man denn nun um ein Autogramm bitten soll oder wen besser nicht. Dabei kann ich eh nicht erkennen, wer wirklich wer ist oder wer nur so aussehen will, als ob er wer sei. Andererseits weist diese Einheitlichkeit auch auf eine gewisse, fast schon sozialistisch anmutende Solidarität zwischen Werktätigen und nicht ganz so tä-

tig zu Werke gehenden Menschen hin. Überhaupt scheint es doch eine ernst zu nehmende Durchmischung einiger Kreise zu geben. Da könnten die Linken und alles, was sich so nennt, sich auch mal ein Beispiel dran nehmen. Da waren ebenso schöne wie junge Damen an der Seite älterer Herren, neben nicht mehr ganz so jungen Damen, die aber offensichtlich etwas zu sagen hatten und auch ernst genommen wurden. Einige Herren mit Sonnenbrillen und um die Schultern herum gut gepolstert, sprachen mit anderen Herren, die mit feingliederigen Händen gestikulierend ein imaginäres Buch in eben diesen haltend, irgendetwas zu erklären versuchten und dabei hin und wieder sinnend durch die große, schwarz geränderte Brille in die Ferne blickten. Das macht schon Eindruck – auf wen auch immer. Zwischendurch wurde immer wieder gerne das Buffet aufgesucht mit Steaks, von glücklich gestorbenen Bio-Rindern, dazu frischer Spargel oder anderer Salat, auch alles ganz bio. Zum Schluss gab´s Cocktails, wahrscheinlich auch bio, aber das haben Frau Kaminski und ich nicht mehr so richtig wahrgenommen, es waren so viele...

Mit freundlichen Grüßen
Frau Giselle Gründlich

PS: Frau Kaminski und ich haben natürlich alles probiert, was der Koch den Gästen angeboten hat, war schon sehr lecker! Und ich plädiere unbedingt dafür, solche Buffets auch künftig bei Parteiveranstaltungen bereit zu halten, dann werden diese auch besser besucht.

Guten Tag,

es tut mir leid, aber ich werde ein paar Tage lang nicht zur Verfügung stehen können. Ich fahre nämlich zur Kur. Frau Kaminski kommt mit, Frau Özul nicht, die ist noch zu fit. Aber Frau Kaminski und ich haben es bitter nötig. Sie wissen ja, wie ich mich hier immer aufreiben muss und im ständigen Einsatz bin. Aber jetzt ist mal Schluss damit, auch ich brauche mal eine Pause. Leider hat in meinem Fall die Krankenkasse nicht mitgespielt, die wollten einfach nicht die Kosten übernehmen, dabei wird es mit meinen Füßen immer schlimmer, ich kann ja kaum noch den Staubsauger halten, da müssen meine Kollegen, die ansonsten eh nur immer am Schreibtisch sitzen, schon immer öfter für mich einspringen. Aber die Kassen zahlen ja heutzutage so gut wie gar nichts mehr.

Apropos Kollegen, die waren so nett und haben mir dann die Kur finanziert. Auch mein Chef war ganz begeistert davon, dass ich mich mal erhole. Sie meinten, sie hätten alle zusammengelegt und ich solle ruhig lange wegbleiben. Irgendwie haben die komisch geguckt dabei. Jedenfalls fahren Frau Kaminski und ich nun nach Bad Harzburg. Wir haben ein Doppelzimmer gebucht, mit Vollpension. Nur Kaffee und Kuchen am Nachmittag müssen wir noch extra bezahlen. Ich kriege Schlammpackungen und muss jeden Morgen Gymnastik machen. Ob das so gut ist – ich weiß nicht. Sollte ich mich nicht lieber etwas schonen? Sogar Kurkonzerte soll es da geben. Bestimmt irgend so ein Operettenschmalz von Franz Lehár oder Johann Strauss. Naja, Frau Kaminski mag so etwas ja. Ich würde mir ja lieber einen Kurschatten zulegen. Mal sehen, was sich da so bietet...

Mit freundlichen Grüßen
Frau Giselle Gründlich

PS: Unweit von Bad Harzburg soll es auf dem Brocken noch Hexen geben – da kann ich vielleicht noch etwas lernen...

Guten Tag,
es ist Urlaubszeit, da herrscht auch hier mal etwas Ruhe. Auch ein Chef und meine Kollegen fahren nämlich in die Ferien. Ich nicht, denn eine muss ja hier den Laden am Laufen halten. Aber auch ich gönne mir ab und an ein wenig Abwechslung. So war ich zum Beispiel am letzten Wochenende mit Frau Kaminski und Frau Özul auf der Breminale. Das ist ein Festival direkt an der Weser und das einzige in der ganzen Republik mit Schlecht-Wetter-Garantie. Wenn die Weser nicht über die Ufer tritt und alle Zelte unter Wasser setzt, dann kommt das Nass von oben, aber da ist es auf jeden Fall. Die Rock-

gruppen interessieren uns weniger, aus dem Alter sind wir raus. Da kenn ich mich auch nicht mehr so aus. Nur als so ein Chor „Avanti Popolo" gesungen hat, da haben wir mitgegrölt. Ging einfach nicht anders, es hat uns mitgerissen. Gut, wir hatten auch schon einige bunte Cocktails in uns hinein getan. Danach haben wir uns an den einzelnen Buden durchgefressen. Satespieße mit Erdnussbutter kann ich nur empfehlen. Frau Özul ernährt sich gerade gesund, sie findet sich selbst in Yoga-Kursen und trinkt nur noch Frischmilch aus dem Bioladen. Sie glaubt, dass ihr das zu einem besserem Karma verhilft, oder so ähnlich.

Na, jedenfalls mussten wir auch noch in die Ökozone. Da gab´s alles, was es auf den hundert Metern vorher auch gab, nur immer zwei Euro teurer. Aber Frau Özul kreischte vor Begeisterung und kippte gleich noch eine Erdbeerbowle in sich hinein. Wir dann auch. War lecker!

Ob sich Frau Özul gefunden hat, weiß ich nicht, denn wir haben sie verloren und erst bei dem Kletterkran für Kinder wiedergefunden. Dort konnten kleine Kinder sich am Seil hochziehen lassen und dann von einer Plattform runterspringen, immer an einem Seil festgebunden. So eine Art Bungee jumping für die Kids. Frau Özul stand schon kichernd und singend oben auf dem Absprungbrett und stürzte sich in die Tiefe. Danach war sie ruhig.

Inzwischen hatte auch das Wasser eingesetzt, von oben. Aber da wir auch von innen gut gewässert waren, war das kein Problem mehr. Wir schlossen uns einer Gruppe von Junggesellinnen an, die irgendwie von irgendetwas Abschied feierten. Wir sind dann in einer Kneipe gelandet, an den Rest erinnere ich mich nicht mehr, aber am Sonntagmorgen lag ich wieder in meinem Bett. Frau Kaminski lag neben mir, einen lächerlichen rosa Hut auf dem Kopf.

Mit freundlichen Grüßen
Frau Giselle Gründlich

PS: Natürlich bin ich in der Ferienzeit auch weiter in Büro erreichbar, jedenfalls fast immer.

Guten Tag,

Mein Chef hat uns alleine gelassen und ist einfach für zwei Wochen nach Berlin gefahren. Gut, auch dort wird er gebraucht, das sehe ich ein. Aber hier geht alles drunter und drüber und ich werde der Sache nicht mehr Herr, und Dame auch nicht.

Die fahren jetzt nämlich alle zu einer so genannten „Kohl- und Pinkeltour" hinaus aufs Land. Das ist in Bremen einmal im Jahr so üblich, immer dann, wenn es schidderig kalt ist. Es wird sich in warme Mäntel und Mützen gewickelt und in der Gegend rumgelaufen, alle tragen ein Schnapsglas an einem Bändchen um den Hals. Das wird regelmäßig gefüllt, gerne anlässlich hochintellektueller Spielchen, wie Teebeutel Weitwurf. Geworfen wird mit dem

Mund. Müsst ihr mal heimlich üben, ist gar nicht so einfach, sieht aber immer bescheuert aus. Wer gewinnt, muss einen trinken. Und wenn alle besoffen genug sind, wird ein Gasthof aufgesucht und Grünkohl mit Pinkelwurst gegessen (die heißt wirklich so und ist eine nordische Rauchwurst-Spezialität oder so etwas ähnliches und trotz des Namens zum Glück denn doch ohne Pipi darin). Vor ein paar Jahren ist bei einer Kohlfahrt eine Genossin verloren gegangen, sie konnte das Gasthaus nicht finden und lief irrend im Wald umher. Eine nicht ganz eilig zusammengestellte Suchtruppe fand die verlorene Genossin schließlich selig schlummernd mit einer Schnapsflasche im Arm in einem Schuppen. So ist das eben mit dem Kohlfahrten.

Danach hatten hier alle die Grippe, war wohl doch `n büschen zu kalt auf der Kohlfahrt. Sie waren alle am Jammern über mit Gliederschmerzen und Matsche im Kopf. Besonders diese Matsche ist für Politiker eher hinderlich, einige merken es aber auch gar nicht, sondern fühlen nun erstmals, dass sie einen Kopf haben. Aber das ist parteienübergreifend.

Mit freundlichen Grüßen
Frau Giselle Gründlich

PS: Ich werde versuchen, den Laden hier am Laufen zu halten, ansonsten fahre ich auch nach Berlin.

Guten Tag,

eigentlich habe ich heute gar keine Zeit über die Neuigkeiten im Büro zu berichten. Ich muss mir nämlich meine Rente ausrechnen. Da sollte nämlich so viel rauskommen, dass ich mit meinen Freundinnen, Frau Kaminski und Frau Özul jedes Jahr zwei Wochen nach Mallorca fahren kann. Bei mir sieht es ja noch ganz gut aus, die in der Politik zahlen ja brav in die Rentenkasse ein, auch bei fiktiven Mitarbeitern. Es gibt für uns extra eine fiktive Rentenkasse. Wobei die Renten ja mittlerweile alle irgendwie fiktiv sind.

Aber mit der Rente ist es so eine Sache, man muss schon viele Jahre eingezahlt haben und auch dann gibt es nur wenig Geld, nicht mal tausend Euro. Es kommt also nicht viel dabei raus, wenn man sein Leben lang geschuftet hat. Aber wir sollen uns ja privat zusätzlich versichern, was aber gar nicht so einfach ist, wenn man kaum etwas verdient.

Bei der Frau Kaminski sieht es besonders schlecht aus. Gearbeitet hat sie immer, aber als sie noch mit ihrem Igor verheiratet war, da sah es eine Weile nicht so gut aus bei den Beiden, finanziell und auch in der Ehe. Ich hätte den Mann ja gar nicht erst genommen, wie der schon aussieht ... Immer so in Trainingshose und Unterhemd. Igitt!

Er hat gearbeitet, sie sich um den Haushalt gekümmert und nebenbei geputzt. Von wegen nebenbei – die halbe Nacht hat sie Böden gescheuert in irgendwelchen Kneipen. Aber eben nicht versichert. Einen richtigen Job hat sie damals einfach nicht bekommen, zumal sie sich ja auch immer noch um ihre Kinder kümmern musste. Na gut, inzwischen ist sie den Job los und den Igor auch. Bekommt ihr gut. Beides. Die Kinder hat sie noch, aber die sind inzwischen schon erwachsen. Sie arbeitet jetzt festangestellt bei einer Reinigungsfirma, die zahlen ihr zwar nicht viel, aber dafür alle Sozialabgaben. Aber sie kriegt einfach nicht genügend Jahre zusammen.

Wahrscheinlich müssen wir alle jetzt noch eine Putzschicht mehr einlegen, damit wir doch noch als Rentnerinnen zu unserem Mallorca-Urlaub kommen.

Mit freundlichen Grüßen
Frau Giselle Gründlich

PS: Warum kriegen wir nicht einfach alle eine sichere Grundrente, ohne Wenn und Aber? Gearbeitet haben wir doch sowieso alle.

Guten Tag,

ich liebe traditionsreiche Feste mit tiefem Sinn. Wir hatten ja gerade wieder eines. Haben Sie auch bunte Ostereier gesucht und vorher angemalt? Meine Hände kriege ich bis jetzt noch nicht wieder sauber, weil Frau Kaminski meinte, wir sollten ganz umweltbewusst Naturfarben nehmen. Das Zeug färbte gut, auch die Hände. Frau Özul meinte, da hätten wir uns auch die Finger mit Henna bemalen können, das sähe wenigstens künstlerischer aus. Aber geschmeckt haben die Eier. Versteckt haben wir sie auch und sind dann alle durch mein Wohnzimmer gekrabbelt, um die Dinger wiederzufinden. Wir haben Kaviar zu den Eiern gegessen, aber den billigen deutschen, der eigentlich keiner ist. Anderen können wir uns nicht leisten. Dazu leckeres süßes Osterweißbrot mit selbstgemachter Marmelade, die mir meine Tante geschickt hat. Sie wohnt auf dem Land und macht so etwas noch selbst, um dann reihum die gesamte Verwandtschaft zu beglücken. Und natürlich gab es auch einen kleinen Eierlikör dazu. War ja schließlich Ostern.

Wir haben dann noch versucht, einen Osterspaziergang zu machen, aber Frau Özul hatte ihre Handschuhe vergessen und ich meine Mütze, so sind wir dann gleich in das erstbeste Café eingekehrt, dort war es schön warm, denn vom Frühling fehlte jede Spur. Und die Torten sind so lecker in diesem Café. So eine ganz dicke Himbeer-Marzipan-Sahne-Schokolikör-Creme-Torte gehört zu Ostern einfach dazu. Abends hatte Frau Kaminski dann noch Lammbraten gemacht, schön mit Backkartoffeln und mit Käse überbackenem Blumenkohl. Zum Nachtisch gab es türkischen Honig, den hatte Frau Özul mitgebracht, obwohl sie meinte, sie würde dieses Osterfest nicht wirklich für sich beanspruchen, sich aber mit uns solidarisch zeigen wollen, wir kämen ja schließlich auch zu ihrem Zuckerfest. Sie langte kräftig bei dem Braten zu.

Irgendwie sind wir dann mit Erdbeerbowle alle auf dem Sofa gelandet und haben wirklich nur noch eine Winzigkeit an Schoko- und Marzipanostereiern zu uns genommen, und einige mit Cremefüllungen, aber auch davon nur noch wenige, denn wir mussten ja am nächsten Tag noch zum gemeinsamen Frühstück in den Nachbarschaftstreff, was auch immer sehr nett ist. Der Pastor aus der nahen Kirche kam auch dazu und wollte uns den Sinn vom Osterfest erklären.

Und nun sitze ich schon wieder hier im Büro. Mein Chef ist mal wieder im Urlaub. Den hat er auch verdient. Und ich muss hier mal wieder alles am Laufen halten.

Mit freundlichen Grüßen
Frau Giselle Gründlich

PS: Im Bürokühlschrank sind noch Reste von unserem Osterfrühstück für Mitarbeiter, die esse ich jetzt.

Guten Tag,

Frau Özul, Frau Kaminski und ich wollen in Zukunft mal etwas mehr für uns selbst tun. Immer nur Politik ist ja auch nicht so das Wahre. Wir haben uns in einem Fitnessclub angemeldet und auch gleich ein Probetraining gebucht. Da kann frau mal ausprobieren, wie es so ist, sich an die Geräte zu hängen oder auf so einer Art Paketband, wie es sie auf Flughäfen

gibt, zu laufen. Begleitet wurden wir von einem muskelbepackten Personal-Trainer, einer der nur für uns da war, jedenfalls eine ziemlich lange Stunde lang. Wir sahen Männer, die erst einmal schwer atmend hin und her laufend, sich auf die kommende Aufgabe vorbereitend, die Armen schwenkend, sich sodann auf die kleine Bank setzten und an zwei Bändern schwere Gewichte herunterzogen, dabei einmal laut aufschrien. Dabei blähen sich die eh schon dicken Oberarme derart auf, dass frau Lust bekommt, da mal mit einer Nadel reinzustechen. Es würde bestimmt Pffffff machen. Bei einem der Kerle stand zu befürchten, dass ihm die Augen aus dem Kopf quellen würden. Danach standen sie schwer ächzend auf und liefen wieder durch die Gegend, sich nach Beifall heischend umsehend. Die Frauen dagegen saßen ruhig an ihren Geräten, nicht ganz so schwere Gewichte herunterziehend, sich dabei noch unterhaltend und schienen recht zufrieden. Sie brauchten offenbar keinen Beifall. Aber während die Männer die Übung jeweils nur ein oder zwei, vielleicht dreimal machten, schafften die Frauen sie zigmal in viel weniger Zeit. Wir, Frau Özul, Frau Kaminski und ich noch nicht, aber wir arbeiten daran.
Mit freundlichen Grüßen
Frau Giselle Gründlich

PS: Wir haben uns entschlossen, einen Frauenfitnessclub zu gründen.

Guten Tag,

Wir sind zurück. Frau Özul, Frau Kaminski und ich waren über Silvester im Orient, hört sich toll an, oder? Das haben wir uns mal gegönnt. Wir haben in Wellness und Kultur gemacht, mehr Wellness als Kultur, aber das lag daran, dass die Burg, die wir besichtigen wollten, auf einem so schrecklich hohen Hügel lag und der Weg dorthin so anstrengend war. Der Weg in den Hamam war weniger beschwerlich und leicht zu finden. Der Wellnessbereich war im Kellergeschoss des Hotels untergebracht. Dahin konnten wir nach dem Frühstück gut gehen. Also, so ein Haman ist ja eine ganz tolle Sache. Wir wurden mit heißem Wasser übergossen und auf eine warme Marmorplatte gelegt. Über mich wallte eine riesige, weiche Wolke aus Seifenschaum, aus der ich aber schnell wieder hervorgekrabbelt bin, denn ich wollte nicht verloren gehen. Danach wurden wir von unten bis oben abgeschrubbt und für drei Wochen im voraus sauber gemacht. Danach wurden wir geknetet, die Dame nannte es Massagen. Herrje, ich wusste gar nicht, wo ich überall Muskeln habe. Hat aber gut getan. Danach sind wir dann gleich zum Mittagessen gegangen. Leckere Lammkottelets gab es und ein tolles Süßspeisenbuffet. Von dort sind wir dann an die nächste Ecke zum Stand mit dem frisch gepressten Granatapfelsaft. Ganz lecker! Ja, und danach wurde es auch schon Zeit, sich an das Kuchenbuffet mit Kaffee und Tee zu begeben. Danach haben wir einen kleinen Spaziergang am Strand gemacht, bevor es zum Abendessen ging. Man sieht, wir hatten recht gut zu tun in diesem Urlaub.

Nur die Mitreisenden waren nicht so ganz nach unserem Geschmack. Es hatten sich offenbar ganze Seniorenheime auf den Weg in den Orient gemacht, was ja auch Sinn macht, denn unsere Pflegerinnen und Pfleger wollen ja auch mal Urlaub machen. Aber mit einem Flirt mit so einem jungen, knackigen Mann war es nix.

Mit freundlichen Grüßen
Frau Giselle Gründlich

PS: Schade nur, dass sich das nicht alle leisten können, aber Menschen, die im Alter von der Grundsicherung leben müssen, sollen eben nicht erholungsbedürftig sein.

Guten Tag,
ich esse gerne, nach Aussagen meines Arztes allerdings zu viel und zu oft. Er meint, ich solle gesünder leben. Meine Kollegen meinten, sie würden mir sofort eine Kur buchen, weit weg vom Büro. Distanz täte immer gut, in diesem Fall auch ihnen.

Aber erst einmal versuche ich an die gesunden Lebensmittel ranzukommen. Das allerdings gestaltet sich wesentlich schwieriger als gedacht. Frau Özul und Frau Kaminski stehen mir helfend zur Seite. Wie wollen gemeinsam eine

Diät machen. Die Sache mit der Eierdiät hat sich erledigt, denn diese Bioeier sind ja nun auch nicht mehr so bio wie gedacht, einige vielleicht schon andere wieder nicht, wer weiß das schon so genau? Aber nur Eier essen soll eh nicht so gesund sein, hat mein Arzt gesagt. Fertigprodukte kommen uns jetzt gar nicht mehr auf den Tisch, da weiß man ja nun wirklich nicht, was drin ist. Das trifft auch auf Fertig-Bio-Produkte zu, die gibt´s wirklich. Am Ende esse ich noch das Pony von dem Nachbarskind auf. Milch ist auch nicht mehr zu empfehlen, da könnten Pilze drin sein und in Knödeln Listerien. Was das ist, weiß ich nicht, hört sich aber nicht gut an. Knödel mag ich aber sowieso nicht. Soll ich etwa nur noch das essen, was die Frau Kaminski in ihrem Schrebergarten anbaut? „Da weiß man noch, was drin ist", schrie sie mir bei meinem letzten Besuch über den Lärm der nahen Autobahn hinweg zu.

Die Politiker wollen jetzt alles mehr und besser kontrollieren. Aber wie wollen sie denn kontrollieren? Ich hab´ einen Bericht darüber gelesen, wie die Konzerne Lebensmittel durch ganz Europa hin und her schieben, bloß um irgendwo ein paar Cent zu sparen. Am Ende weiß keiner mehr, was wo drin ist und wo es herkommt. Und was nicht mehr zu kontrollieren ist, wollen sie an Arme und Bedürftige verteilen. Aber das ist ja schon seit Jahrtausenden so: Was die Reichen nicht wollen, wird als Almosen an die Armen verteilt.

Mit freundlichen Grüßen
Frau Giselle Gründlich

PS: Ich muss auch noch eine Kleinigkeit für unsere nächste Veranstaltung organisieren, da soll es auch etwas zu essen und zu trinken geben. Wie kriege ich das hin, ohne alle zu vergiften?

Guten Tag,

irgendwie gerät gerade alles durcheinander. Der Klimawandel greift um sich, was wir daran sehen, dass dieses Jahr der Sommer ausgefallen ist. Und so neigt sich das Jahr bereits im September dem Ende zu.

Woher ich das alles weiß? Na, im Supermarkt habe ich letzten Samstag, Anfang September, die ersten Spekulatius in den Regalen liegen sehen. Und Spekulatius werden in der Adventszeit gegessen. Das war schon immer so, das ist Tradition und unverrückbar. Ich habe das Frau Kaminski erzählt und sie meinte, sie würde jetzt sofort anfangen, Prjaniki zu backen, das ist die russische Form von Lebkuchen. Und Frau Özul sucht uns schon mal einen Tannenbaum, obwohl sie selbst ja eher den Ramadan feiert, aber da gibt es erst abends etwas zu essen, dann aber reichlich, was auch nicht schlecht ist. Ich gehe jetzt noch los und kaufe ein paar Flaschen Glühwein, mit und ohne Alkohol. Den gibt es doch bestimmt auch schon und wenn nicht, wärmen wir die Sangria auf.

Wir hier im Büro essen noch keine Spekulatius, sondern immer noch Obstkuchen, die Pflaumen sind gerade ganz wunderbar, und dann noch einen ordentlichen Kleks Sahne obendrauf... Einfach herrlich! Aber wahrscheinlich sind wir damit hoffnungslos altmodisch.

Mit freundlichen Grüßen
Frau Giselle Gründlich

PS: Wenn es jetzt schon Lebkuchen gibt, dann kann ich doch auch jetzt schon meine Weihnachtsgeschenke bekommen, oder?

Guten Tag,
mein Chef will mir beibringen Kaffee zu kochen, was in diesem Büro nicht ganz einfach ist, weil wir jetzt eine hypermoderne Kaffeemaschine haben, gerade erst angeschafft. Das ist so eine, die Latte Macchiato, Espresso und schönes Wetter machen kann. Silbrig glitzernd steht sie in der Teeküche. Diese kleinen Küchen in Büros heißen TEE-Küche, weil dort Tee gekocht werden soll, nicht Kaffee! Aber dieser Logik können weder meine Kollegen noch mein Chef folgen.

Man sollte vor erstem Gebrauch dieser neumodischen, hochtechnisierten Geräte unbedingt ein Semester Elektrotechnik hinter sich haben. Genau daran fehlt es mir. Als ich das Monstrum das erste Mal bedienen wollte, hat sich die Milch, die einfach nur schäumen sollte, verdreifacht und ist auf den Boden geplatscht. Naja, der Boden musste eh mal gewischt werden. Mein Kollege hat das dann auch gleich gemacht.

Es war zu wenig Kaffee in dem Gebräu, eigentlich fast gar keiner. Die Menge des Kaffees muss man einstellen. Aber man muss wissen, wo. Man kann nämlich einen ganz kleinen Kaffee trinken, das ist dann ein Espresso oder einen ganz großen. Wie der dann heißt, weiß ich nicht.

Nun war neulich Frau Özul bei mir im Büro, sie ist mal eben so auf einen Kaffee vorbei gekommen. Frau Kaminski und Frau Özul machen das öfter, wenn sie in der Stadt sind, auch wegen des Kaffees hier. Sie schätzen es allerdings, wenn mein Chef ihnen den Kaffee kocht, das kann er besser als alle anderen. Wir sitzen dann hier so nett zusammen und besprechen, was zu machen ist, in der Bremer Bürgerschaft und auch im Parlament in Berlin. Es sind also durchaus produktive und konstruktive, den Arbeitsprozess voranbringende Stunden.

Ich habe bis jetzt noch für niemanden Kaffee gemacht, viele Gäste, die hierher kommen, machen das einfach selbst, was mir Zeit und Arbeit spart. Mein Chef meinte allerdings, es wäre besser, man würde seinen Gästen den Kaffee servieren und sie das nicht selber machen lassen. Irgendetwas von „unhöflich" hat er gemurmelt. Er meint nun, auch ich müsse Kaffee kochen können. Ich nehme an, es passt ihm nicht, dass ich mit all unseren Besuchern rede und denen erkläre, was hier wie läuft, während er den Kaffee bereitet.

Mit freundlichen Grüßen
Frau Giselle Gründlich

PS: Ich habe mich jetzt hier zu einem viersemestrigen Abendkurs an der Hochschule für Technik eingeschrieben, erst mal nur als Gasthörerin. Die haben so ein spezielles Seminar für das Kaffeekochen an Kaffeemaschinen.

Guten Tag,
ich schreibe diese Zeilen aus meinem Urlaub. Meine Kollegen haben mich zusammen mit Frau Kaminski und Frau Özul für eine Woche an den Goldstrand in Bulgarien geschickt. Es war ein Sonderangebot und sie haben alle zusammengelegt. Sogar zum Flughafen haben sie uns gebracht. „Damit wir sicher sind, dass ihr auch abfliegt", haben sie gesagt und oben auf der Besucherterrasse gestanden und so lange gewinkt, bis wir im Flugzeug saßen. Ja, und nun liege ich hier am Strand und kann eigentlich gar nicht so recht zur Ruhe kommen. Was machen die denn im Büro eine ganze Woche ohne mich? Kommen die Jungs denn überhaupt zurecht, so ganz alleine? Mein Chef ist doch auch nicht da, sondern mal wieder in Berlin und kann sich somit auch nicht um sie kümmern. Ich mach mir richtig Sorgen. Dreimal hab

ich gestern schon angerufen und vorgestern auch, aber es geht keiner ran. Dabei sehen die auf dem Display doch genau, dass ich es bin. Bestimmt ist da was passiert. Dabei denk ich immer an meine Jungs, sogar abends in der Disco, wir stoßen dort oft mit einem Rakija auf die Daheimgebliebenen an. Und wenn Frau Özul morgens ihren Espresso schlürft, dann sagt sie immer: „Ach, wie schade, dass deine Kollegen nicht da sind, sie könnten uns so schön die Taschen zum Strand tragen." Ich bin also nicht die einzige, die an meine Jungs denkt.

Mit freundlichen Grüßen
Frau Giselle Gründlich

PS: Wir haben beschlossen, dass wir solche Reisen jetzt öfter machen, aber dann nehmen wir die Jungs mit.

Guten Tag,
neulich saß ich mit Frau Kaminski und Frau Özul in unserer Lieblingskonditorei. Tee und Torte standen auf dem Tisch Die leckere Torte mit Mandelmus und Käsesahnefüllung, kann ich nur empfehlen. Da haben Frau Özul und ich unsere neuen Handys rausgeholt. Wir haben sie uns zusammen gekauft, denn wir wollen jetzt mit der Zeit gehen. Gleich vorne am Eingang des Handy-Stores, so heißen diese Läden, hingen angekettet an einem Ständer sehr schöne

Handys, die versprachen, sie hätten hohe Computerfunktionalität und −Konnektivität. Das hat uns beeindruckt. Ohne das geht künftig eigentlich gar nichts mehr, sagte der Verkäufer ohne zu erklären, was genau „Computerfunktionalität und −konnektivität" ist. Wir wissen es auch noch immer nicht. Dieser Verkäufer war nett aber machte einen leicht überforderten Eindruck, als Frau Özul alle kleinen Kästchen auf dem Bildschirm erklärt haben wollte.

Wir haben uns für Handys entschieden, die irgendwie aus der Galaxie kommen. Ich will auch nicht immer hinter einem Chef zurückstehen, der ein Handy besitzt, das ihm sagt, wann er wohin zu gehen hat. Frau Özul und ich können mit unseren Handys jetzt fast alles machen und auch Apps runterladen. Frau Özul hat nun eine Wetterapp. Da kann sie sehen, wie das Wetter ist und hat festgestellt, dass es da, wo wir waren gerade in Strömen regnete. Frau Kaminski meinte: „Das seh´ ich, die haben hier Fernster." Sie ist manchmal so realistisch. Ich hab´ dann meinen Nachbarn angesimst und gefragt, ob er am Abend zum Fernsehen zu mir rüberkommen will? „Und hast du schon ein Response?", fragte Frau Özul. Nee, hatte ich nicht und Frau Kaminski meinte, ich solle, wenn ich zu Hause sei, doch einfach bei ihm klingeln. Wie gesagt, sie ist manchmal geradezu widerlich realistisch. Dabei hatte ich diese SMS nicht getippt, sondern in mein Handy gesprochen. Das Ding versteht mich, jedenfalls besser als Frau Kaminski. Memos kann ich schreiben und ein Tagebuch führen. Ich kann mich auch selber orten, falls ich mal nicht mehr weiß, wer und wo ich bin. Außerdem sagt mir das Ding, in welche Restaurants ich zu gehen habe. Ich kann Videos gucken, Musik hören und virtuelle Bücher lesen. In meinem virtuellen Regal standen aber keine Bücher drin. Der Bildschirm sieht, wenn man die richtige Taste drückt, wirklich wie ein klitzekleines Bücherregal aus. Aber was heißt „Taste drücken"? Ich wische jetzt mit den Fingern über den Bildschirm. Der allerdings ist so empfindlich, dass Frau Özul und ich uns gleich noch ein paar kleine Beutelchen gehäkelt haben, in die wir unsere, übrigens sündhaft teuren, Handys packen, wenn wir mit ihnen unterwegs sind.

Mit freundlichen Grüßen
Frau Giselle Gründlich

PS: Ach ja, neulich habe ich mit dem Handy sogar telefoniert.

Guten Tag,
ischa schon wieder Freimaaaak!!!!! So lautet derzeit der Schlachtruf in Bremen. Für alle, die es nicht wissen, Freimarkt ist in Bremen das, was woanders Kirmes oder Jahrmarkt ist, nur viel, viel größer und schöner. Sogar unsere Straßenbahnen sind mit Fähnchen geschmückt und unser Wahrzeichen, der Roland, trägt ein riesiges Herz um den Hals. Auch Frau Özul,

Frau Kaminski und ich waren, wie schon im letzten Jahr, wieder mit dabei.

Der an sich ein wenig sture und eher in sich gekehrte, sehr auf Etikette und anständiges Benehmen achtende Bremer gerät schier außer Rand und Band, schon wenn er sich nur auf den Weg zum Freimarkt macht. Die sonst so sittsamen älteren Damen lupfen die Röcke und tanzen auf den Tischen und die Herren heben eine Maß nach der anderen. Standesunterschiede sind nahezu aufgehoben, es säuft jeder mit jedem. Das muss man auch, denn ist immer kalt zur Freimarktszeit, das gehört dazu. Und so ein Schnaps wärmt von innen.

Auch wir tragen natürlich rote, bei jedem Schritt wippende und blinkende Hütchen auf dem Kopf, damit wir uns nicht verlieren, wenn wir alle drei Hand in Hand über die Bürgerweide bummeln, dort findet das Spektakel zwei Wochen lang statt. Wir sind von einer Bude zur anderen gelaufen, haben Schmalzkuchen, Bratwurst mit Pommes, Liebesäpfel und kandierte Mandeln in uns hineingestopft und dann noch ein „Eis wie Sahne". Und Frau Kaminski hat auch noch eine Portion gebratene Pilze gefuttert, weil sie meinte, etwas Anständiges im Magen haben zu müssen. Ich war mehr für Satespieße mit Erdnussbutter. Frau Özul nahm noch einen Smoothie mit viel Frucht und nur ein ganz kleines bisschen Rum, sie ist gerade mal wieder auf dem Gesundheitstripp und rennt von einer Yogagruppe in die andere, um wieder sich und ihr Karma zu finden. Oder so ähnlich. An der Glühweinbude haben wir uns dann wiedergefunden und uns mit ein, zwei oder drei Gläschen gestärkt. Nach einem Fischbrötchen ging´s dann aber endlich in ein Karussell, ins Riesenrad. Herrje, was war mir da schlecht. Auch Frau Kaminski wurde ganz still, nur Frau Ozul erhob sich kichernd und singend aus ihrem Sitz, fest entschlossen, sich die ganze Welt zu eigen zu machen. Wir konnten sie gerade noch daran hindern, eine Rede an ihr Volk zu halten, im wahrsten Sinne von ganz oben und aus dem Stand heraus. Danach sind wir in ein Karussell geklettert, in dem wir hin und her geschleudert wurden und irgendwie von unten nach oben, seitwärts nach vorne katapultiert wurden. Beim Aussteigen war mir ein junger Mann behilflich, dem ich auf Knien aus Pudding entgegenrutschte. Mir war schon wieder schlecht und ich hatte lauter Kirschkerne im Hirn. Und für so etwas gibt es an bestimmten Tagen auch noch Rabatt für Familien, dabei könnte das glatt als Folter durchgehen.

Und dann geht es ab ins Bayernzelt, da wird gesoffen und getanzt. Weil wir im Norden ja eigentlich sehr kultiviert sind, übernehmen die Bayern dabei die Regie mit ihrem Zelt. Da kommen der Bremer und auch die Bremerin mal so richtig aus sich raus. Nachdem der Innensenator das Bierfass angezapft hat, wird geschunkelt und gejodelt was das Zeugs hält. Er schaffte das übrigens mit nur einem Schlag, also das Anzapfen des Bierfasses. Ja, er ist schon ein richtiger Kerl. In die Geisterbahn darf er umsonst rein, dort hat er einigen der Hells Angels einen Job verschafft, nachdem er ihnen verboten hat, in Bremen ihre Kutten zu tragen. Aber die Maß Bier kostet zehn Euro auf dem Freimarkt. Das muss man sich erst mal leisten können.

Gesungen haben wir auch, Frau Kaminski stand sogar plötzlich auf der Bühne und hat einen Schuhplattler hingelegt, sie ist dann irgendwann mit dem Kapellmeister verschwunden, der ihr vorher noch ein Lebkuchenherz um den Hals hängte. „Süße Maus" stand darauf.

Wir sind dann aber doch noch alle gut nach Hause gekommen, denn ein paar nette Männer mit einem so lustig blau blinkenden Auto haben uns mitgenommen.
Mit freundlichen Grüßen
Frau Giselle Gründlich

P.S: Ich fang schon mal an für den nächsten Bremer Freimaaakt zu sparen.

Guten Tag,
mein Chef hat mich zu einem Rhetorikkurs geschickt. Ich soll reden lernen. Als ob ich nicht deutlich genug sagen würde, was ich meine.

Aber gut, ich bin da hingegangen, zusammen mit Frau Özul und Frau Kaminski. Zuerst haben wir Kennen-Lern-Spiele gespielt, damit wir wissen, wer neben uns sitzt. Und jeden Morgen haben wir einen Stuhlkreis bilden müssen, wie im Kindergarten. Wir mussten sagen, was der gestrige Tag mit uns gemacht hat. Das werde ich jetzt hier im Büro auch einführen. Und am Ende des Tages sollten wir den anderen ein Feedback geben, also, sagen, wie wir sie finden, aber natürlich bleibt dabei jeder höflich. Wer sagt schon relativ fremden Leuten mitten ins Gesicht: „Ich finde dich scheiße, weil du nichts weiter als eine ziemlich hohle Nuss bist und obendrein ein elender Streber!" Tut man doch nicht. Außer auf Parteitagen, da geht das. Aber es war ja ein Rhetorikkurs und da haben sich immer alle ganz doll lieb.

Wie haben auch Karteikarten ordnen gelernt. Auf den Karteikarten stehen die Stichworte für eine Rede, wenn wir denn mal eine halten wollen. Die Karten werden durchnummeriert, damit wir wissen, was wir wann sagen wollen. Das macht Sinn. Aber Frau Kaminski hat nicht begriffen, warum sie sich zu den Nummern auf den Karten auch immer noch ein Symbol merken soll. Also die Eins ist eine Kerze, die Zwei ein rosa Elefant und die Drei ein Schmetterling. Es kann sich jeder etwas Eigenes ausdenken. Wenn wir an dieses Symbol denken, dann vergessen wir auch die Zahl nicht, hat die Lehrerin gesagt.

Ich habe es auch nicht begriffen. Aber wir werden unsere Ablage hier im Büro jetzt völlig neu ordnen. Rechnungen unter dem Bild Tiger, Einladungen unter Krabbelkäfer, Protokolle unter himmelblauen Herzen und so weiter. Dieser Rhetorikkurs war also auch für unser Büro wertvoll. Und so sehen Aktenwände doch auch gleich sehr viel freundlicher aus.

Eine Rede habe ich dann auch noch halten müssen, Frau Özul und Frau Kaminski auch, wir haben das zu dritt gemacht und den anderen einfach ein Gedicht nicht aufgesagt, sondern vorgesungen. Das wäre auch so eine Idee für den Parteitag. Gesungen hört sich alles viel netter an.

Mit freundlichen Grüßen
Frau Giselle Gründlich

PS: Meine Kollegen sitzen alle ganz still und sehr konzentriert um den Konferenztisch. Sie malen die neuen Schilder für die Ablage. Es ist ein so friedliches Bild. Schön!

Guten Tag,
ich hab´ ja ein Gefühl für Sprache und beobachte meine Mitmenschen immer sehr genau, auch höre ich gut zu, das glaubt bloß kaum einer. Aber ich mach das jetzt hobbymäßig und habe auch noch einen zweiten Kurs an der Volkshochschule in Rhetorik belegt. Auch das war die Idee meines Chefs. Dabei hatte ich ihm

nur angeboten, ihm seine Reden zu schreiben. Will er aber nicht.

Dabei, also in dem Kurs, ist mir aufgefallen, dass es sehr viele Menschen, vor allen Dingen Männer, schaffen, mit sehr vielen Worten eigentlich gar nichts zu sagen. Viele dieser Männer sind Politiker. Der Vorsitzende der Piratenpartei sagte zum Beispiel vor Jahren einmal, ich zitiere: „Es ist nicht der Protest, der uns die Wähler zutreibt, sondern das Versagen der etablierten Parteien, die es nicht schaffen, den Bürger am politischen Geschehen teilhaben zu lassen. Wir bieten den Menschen in diesem Land, die sich ernsthaft an Politik beteiligen wollen, eine echte Alternative. Wir werden diese Demokratie mit neuem Leben erfüllen, wir werden Politik neu gestalten." Mannoman, das passt doch immer, das kann jede und jeder in jeder Situation sagen. Wer wollte nicht alle an der Politik beteiligen oder die Demokratie mit neuem Leben erfüllen?

Frau Özul war neulich auf einer Veranstaltung und da hat es einer der Oberen auch geschafft, mit vielen Worten keine der Fragen zu beantworten, die an ihn gestellt wurden. Aber ich wusste es ja: Alles Piraten in der Politik.

Und einige sind schon sehr gut. Das muss ich zugeben. Ich weiß nicht, von wem das jetzt ist, was aber auch egal ist, weil auch das jeder und jede gesagt haben könnte: „Wir sind die Partei, die für eine strukturelle Ökologisierung steht, für eine Energiewende, für eine Verkehrswende, und auch für eine ökologisch ausgerichtete Arbeitsmarktpolitik. Wir haben ein integriertes Konzept von Wirtschaftsökologie und Sozialpolitik entwickelt, und das bieten wir an." Klasse, wer wollte das alles denn nicht? Pseudointellektuelle Niveauerschleichung nennt man so etwas. Man sieht, ich lerne in dem Kurs auch Fremdworte.

Mit freundlichen Grüßen
Frau Giselle Gründlich

PS: Meine Berliner Kollegin ist in den Alpen, sie macht dort Urlaub. Wir sind am Überlegen, ob wir nicht ein Kompetenzzentrum für Jodeln aufmachen, sie wäre dann sozusagen diejenige mit der Kernkompetenz im Jodeln und die Jodelmultiplikatorin. Ich meine, das ist doch immer noch besser als gar nichts zu sagen.

Guten Tag,
wir werden jetzt feministisch. Frau Özul, Frau Kaminski und ich haben beschlossen, mehr für unsere Rechte als Frauen einzutreten und der Feminismus ist ja heute auch längst nicht mehr so grau und langweilig wie noch in den 68ern. Da gab es zum Beispiel vor einiger Zeit die Femen, die traten immer nackig auf, nicht ganz nackig, nur oben rum. Die Beine gespreizt, die Hände hoch erhoben, der Körper bildete dabei ein X und dann schrien sie los, über das, was gerade gefordert wurde: mehr Freiheit für alle, gegen Zwangsprostitution, Wi-

derstand gegen Diktaturen und so. Frau Özul, Frau Kaminski und ich haben das schon mal in meinem Schlafzimmer geübt. Ich habe dort so einen schönen großen Spiegel, in dem wir uns gut sehen konnten. Das Schreien war nicht das Problem, aber der Spiegel war nicht auf unserer Seite. Wir drei Frauen gehen alle nicht unbedingt so ganz konform mit den Vorstellungen der Schönheitsindustrie, jedenfalls was unsere Körpermaße angeht. Und wir sind alle deutlich über 40, eher über 50. Da verlangt die Natur dann schon mal ihren Tribut, es ist eben nicht mehr alles ganz so taufrisch. Nicht, dass wir damit grundsätzlich Probleme hätten, aber auf dem Marktplatz wollten wir unsere Defizite denn auch nicht gerade ausstellen. Dabei hätten uns die Schönheitschirurgen bestimmt massenweise ihre Visitenkarten zugesteckt, weil sie Arbeit und Aufträge gewittert hätten. Die Idee, den Femen beizutreten haben wir damit verworfen.

Aber es gibt ja noch andere feministische Gruppen. Da ist zum Beispiel #aufschrei (kein Tippfehler, das Doppelkreuz gehört dahin). Die dürfen Pornos gucken, was Frau Özul, Frau Kaminski und mir auch ganz gut gefiel, denn es gibt auch recht hübsche.... Naja, das will ich hier nicht weiter ausführen. Jedenfalls findet man Vertreterinnen von #aufschrei gerne auch in Talkshows. Aber da kämen Frau Kaminski, Frau Özul und ich dann auch wieder nicht hin, wir wären wieder nicht jung und schön genug. Vielleicht sollten wir eine ganz eigene Gruppe

gründen: Nicht mehr jung und straff, aber dennoch stark.
Mit freundlichen Grüßen
Frau Giselle Gründlich

PS: Die Angie, unsere Bundeskanzlerin, stand mal in Femenhaltung, allerdings sittsam bekleidet, auf einem Deich, der zu brechen drohte, das alles in einem Überschwemmungsgebiet und schrie: "Fluten weicht von uns!" Vielleicht hilft es. Nee, das hat sie nicht geschrien, aber es sah so aus, als täte sie es.

Noch `ne Putze

Jette Janzen, eine Kollegin von Giselle, und ebenso fiktiv, berichtet aus der Zentrale ihrer Partei.

Jette: Ich freu mich auf den internationalen Frauentag

Am 8. März ist wieder Frauentag. Ich kann´s gar nicht abwarten, denn da erleb ich immer irgendeine Überraschung. Im vorletzten Jahr lagen rote Rosen auf meinem Bett. Die hatte mein Geliebter mir da hingelegt. Da braucht jetzt gar keiner so blöd zu grinsen! Auch ich hatte mal einen Geliebten. Gut, die Dornen hatten sich irgendwie im Bettlaken verfangen. Das hat in der Nacht dann doch sehr gepiekst. Pieken würde ich ja inzwischen gerne mal so manch einen der männlichen Humanoiden, die in dieser Partei überall rumlaufen. Putzen können die nicht, das muss immer noch ich machen, Rosen legen sie mir auch nicht ins Bett, aber 'ne große Klappe haben sie. Ich wundere mich immer wieder, wie sie es fertig bringen, von nix Ahnung zu haben, jedenfalls nicht mehr als ich, aber über dieses Nix reden zu können, als hätten sie Ahnung. Die schwafeln und blasen jedes Thema wie einen Luftballon auf, und das Nix wird plötzlich ganz groß. Frauen können das nicht, die packen die Dinge immer ganz praktisch an und fangen schon mal an zu arbeiten, während die Männer sich immer noch wohlig in den eigenen Worten wälzen. Okay, wir haben die Frauenquote, damit kann das Schlimmste verhindert werden, aber wir könnten damit auch mal eine Veranstaltung sprengen. Zwei Frauen reichen dazu. Wenn die sich abwechselnd zu Wort melden, dann muss die Tagungsleitung sie immer dran nehmen. Gar keine schlechte Idee für den internationalen Frauentag. Worüber wir dann reden, ist eigentlich egal, genau wie bei den Männern.

Liebe Grüße
Eure Jette

Jette: Jetzt geh ich in die Fraktion

Also, ich hab mir das überlegt: Für den Vorstand kandidiere ich nun doch nicht, was ich ja mal vorhatte, aber das Gerangel um die besten Plätze ist mir doch zu anstrengend. Aber in der Fraktion kommen und gehen die Leute, dass es einem schwindelig wird. Also, nicht die Angeordneten. Die müssen ja durchhalten bis zur nächsten Wahl, jedenfalls sollten sie es tun. Aber die Mitarbeiter von den Abgeordneten kommen und gehen. Diese Abgeordneten haben nämlich Menschen, die ihnen zuarbeiten. So nennt sich das. Weil so ein Abgeordneter ja nicht alles wissen kann, engagiert er sich jemanden, der für ihn in den Büchern rumliest, um ihm dann hinterher zu sagen, was da drin steht und welche Sätze er sagen muss, um öffentlich klug zu erscheinen. Es sind gar nicht mal so wenige, die da arbeiten. Durch dieses ganze Kommen und Gehen weiß inzwischen keiner mehr so genau, wer nun eigentlich für was zuständig ist. Jeder macht alles. Jedenfalls habe ich das so gehört. Alle haben irgendwas studiert und deshalb können auch alle alles. Sie nennen sich wissenschaftliche Mitarbeiter. Wissenschaft kommt von Wissen und wissen tu ich eine Menge. Die Jobs da in der Fraktion sind also genau richtig für mich. Außerdem wird es Zeit, dass auch da mal aufgeräumt wird und das kann ich nun wirklich. Übrigens gilt das natürlich auch für die Frauen in der Fraktion. Nicht, dass sich nachher wieder jemand beschwert, ich hätte die Frauen vergessen. Wie könnte ich, wo ich doch selbst irgendwie eine Frau bin.

Liebe Grüße
Eure Jette

Jette: Wir waren in Berlin

Das Bundespresseamt hatte zu einer Tour durch Berlin eingeladen. Dort sagen sie den Leuten von der Zeitung, was die schreiben sollen. Klappt bloß nie.

Es war noch ein Platz frei und da bin ich mitgefahren. Kaum angekommen, sind wir als erstes in ein italienisches Restaurant gefahren worden. Da war ein Buffet für uns aufgebaut. So was kriegt unsereins ja nicht alle Tage und schon gar nicht für lau. Also hab ich mir erst mal den Bauch so richtig schön vollgeschlagen. Überhaupt gab es ständig was zu essen. Sobald wir irgendwo zum Sitzen kamen, kam einer und hat uns gefüttert.

Als ich das Regierungsviertel gesehen hab´, hab´ ich gedacht, die haben mich zum Mond geschickt. Sieht ja aus wie in einem Science Fiction Film. Irgend so ein Mensch, der das eigentlich nicht machen sollte, hat uns einen Vortrag über die Arbeit dort gehalten. Ich hab´ das nicht so ganz verstanden. War aber wohl auch nicht so wichtig.

Die Glaskuppel ganz oben auf dem Gebäude des Bundestages haben wir auch gesehen. Sieht ja ganz nett aus. Aber ich möchte das Ding nicht putzen müssen.

Bootsfahrt auf der Spree und Stadtrundfahrt gab´s natürlich auch. Gehört ja dazu.

Eine halbe Stunde haben wir in einem Museum etwas über den Parlamentarismus gehört. Donnerwetter, dass man das Thema in so kurzer Zeit abhandeln kann?

Danach ging es ins Jüdische Museum. Im Garten des Exils kann man richtig spüren, wie es denen ergangen sein muss, die damals weg mussten und eigentlich gar nicht wussten, was und wie ihnen geschieht. Ob es meiner Nachbarin aus dem Sudan auch so geht? Ich gehe demnächst mal rüber zu ihr.
Liebe Grüße
Eure Jette

Jette: Diskussionsrunden
Ich will ja mitkriegen, was und wie in der Partei geredet wird, deswegen gehe ich ab und an auch zu Diskussionsrunden, oder Gesprächskreisen oder wie immer diese Ansammlungen von redewilligen Menschen sich nennen. Dabei ist mir aufgefallen, dass, egal worum es geht, immer bestimmte Rollen zwingend zu besetzen sind. Da ist einmal die Rolle der Feministin. Sie reagiert gerne auf Reizwörter wie Zielorientierung, Effizienz, Management oder auch Wirtschaftlichkeit. Sagt einer, vornehmlich ein Mann, eines dieser schlimmen Wörter, platzt sie damit heraus, dass das ja nun wieder typisch für verkrustete patriarchalische Strukturen sei. Daraufhin meldet sich jemand, der entweder ein psychisches oder alkoholbedingtes Problem hat, jedenfalls macht dieser jemand diesen Eindruck. Besagte Person erzählt dann weitschweifig von irgendwelchen Erlebnissen im eigenen näheren Umfeld, wobei das Thema

weiter ziemlich egal bleibt. Wichtig ist auch der oder die echte Intellektuelle, das heißt, jemand, der wirklich etwas auf dem Kasten hat. Leider sieht das Drehbuch für diese Rolle keine verständliche Sprache vor. Also versteht niemand, was da Kluges gesagt wird. Das gibt aber keiner zu, denn schließlich will keiner als Doofi dastehen. Dann gibt es den, dem der Therapeut empfohlen hat, das Selbstbewusstsein dadurch zu steigern, dass er sich in Gruppen zu Wort meldet. Gilt auch für Frauen. Der Rat des Therapeuten wird befolgt und besagter Mensch stammelt vor sich hin, das Thema ist inzwischen noch egaler geworden. Dann gibt es die Neuen, die immer schon ein Konzept für die nächsten zehn Jahre im voraus in der Tasche haben und alles umkrempeln wollen, aber keine Ahnung von den bestehenden Strukturen haben. Die ecken dann bei den Alteingesessenen an. Außerdem gibt es noch ein paar völlig normale Menschen, die gehen aber im Gewusel der anderen unter.

Liebe Grüße
Eure Jette

Jette: Ich war in Brüssel

Herrje, was war das anstrengend. Die Füße tun mir jetzt noch weh. Nach Brüssel wollte ich und bin in Europa gelandet. Europäisches Parlament, Europäische Kommission, Bremer Vertretung, Treppe rauf und Treppe runter, endlose Flure entlang laufen, zwischendurch Schnittchen essen und wieder Treppen rauf und runter. Und dann noch zur internationalen Gewerkschaft des fiktiven Reinigungspersonals. Aber da war nicht viel los. In der Bremer Vertretung auch nicht. Da kümmert man sich anscheinend mehr um die Interessen der Bremer Industrie. Muss ja vielleicht auch einer machen, aber warum das dann mit Steuergeldern bezahlt wird, habe ich nicht so recht verstanden. Naja, meine Schnittchen und das Gläschen Sekt immer mal zwischendurch kriegt ja auch der Steuerzahler mit auf die Rechnung. Die Belgischen Pralinen habe ich allerdings aus eigener Tasche zahlen müssen. Ach, waren die lecker! Interessant war es in Brüssel und überall so schön sauber, da sollten die sich hier im Büro mal was von abgucken. Aber ob ich Europa nun so wie es ist, gut finde oder nicht, weiß ich immer noch nicht. Irgendwie wirkt ja doch alles sehr aufgeblasen, andererseits ist es natürlich schon gut, wenn alle sich zusammenschließen und Probleme gemeinsam angehen, wenn sie das denn man auch täten. Und deshalb gehe ich auch immer zur Wahl. Denn nur wenn wir wählen gehen, können wir die Demokratie in Europa stark machen. Und wenn an den Wahlurnen eine kleine belgische Praline liegen würde, wär´ die Wahlbeteiligung viel höher.

Liebe Grüße
Eure Jette

Jette: Ich will einen Dienstwagen
Ich hab das ja schon mal gefordert: Ich will, dass die mir hier ein Auto zur Verfügung stellen! Denn ich will demnächst auf Reisen gehen. Das halte ich wie die Politiker. Klar käme ich auch mit dem Zug gut zu meiner Cousine Dörte nach Bielefeld. Aber ich hab viel vor in Bielefeld. Dörte hat mir nämlich erzählt, dass es dort im Historischen Museum die Sonderausstellung „Die Putzfrau- vom Dienstmädchen zur Raumpflegerin" zu sehen ist. Dort erfährt unsere Arbeit endlich mal die Anerkennung, die ich hier so oft schmerzlich vermisse. Ich werde mir die neuesten technischen Errungenschaften ansehen und mir vormerken, was hier noch alles angeschafft werden muss, damit auch mal die Jungs hier an den Schrubber gehen. Das Ganze ist also sozusagen eine Dienstreise und steuerlich gut abrechenbar. Ja, und dann will ich noch, aber das wirklich nur so am Rande, mit Dörte ins Schwimmbad. Ist ja schließlich Sommer.

Liebe Grüße
Eure Jette

Jette: Bin ich alt?
Im Sommerloch sind die Politiker nicht da oder feiern Feten. Samstag war auch ich auf einer. Manchmal tun feiern sie auch außerhalb des Sommerlochs. Ich immer mit. Dauerwelle

hochtoupiert, das bunte Kleid mit dem Seitenschlitz angezogen und in die Pumps geschlüpft – so mache ich einen jugendlichen Eindruck, dachte ich jedenfalls. Nachdem ich mal so kurz angemerkt habe, dass auch ich mich im bevorstehenden Wahlkampf einbringen möchte schon weil ich gerne Leute treffe, aber an den Infoständen doch um einen Stuhl bitte, denn das ewige Stehen ist nichts für mich, da sagt doch so ein Lümmel aus dem Büro zu mir, dass er mir einen Rollator mit Sitz vorne besorgen wird. Damit könne ich Flugblätter hin und her schleppen und mich zwischendurch auch mal setzen. Also Jungs, wenn ihr so mit älteren Damen, die keine sein wollen, umgeht, dann wird das nix mit den Stimmen der Alten. Die wollen hofiert werden und gesagt bekommen, wie toll und jung sie noch wirken, denn warum sonst sollten wir erst mit 67 Jahren an die wohlverdiente Rente kommen?

Liebe Grüße
Eure Jette

Interview mit Jette Jantzen,
anlässlich ihres bereits befürchteten Wiedereinstiegs in die Parteiarbeit nachdem sie sich für eine Weile zurückgezogen hatte.

Frage: Frau Jantzen, man hat lange nichts von Ihnen gehört. Werden Sie künftig wieder Ihren Sermon zu den Ereignissen in der Partei zum Besten geben?
Antwort: Was heißt hier „Sermon"? Ich habe immer nur gesagt, was ich denke. Und das werde ich auch in Zukunft wieder tun. Irgendjemand muss ja hier mal mit klarem Menschenverstand reden.
Frage: Sie werden wieder täglich im Büro sein?
Antwort: Täglich wohl nicht, da ist ja jetzt einer eingestellt worden, der allen helfend zur Seite steht. Und der soll ja auch ganz gut sein. Aber ganz ohne mich scheint es denn ja doch nicht zu gehen. Ich fühle da auch eine gewisse Verpflichtung in mir.
Frage: Wo treffen wir Sie?
Antwort: Wahrscheinlich immer im Newsletter. Und dann natürlich mit meinem Staubwedel in allen Ecken im Büro. Und Sie können sicher sein, dass ich auf jeden Fall alles mitkriegen werde. Außerdem möchte auch ich künftig für alle ansprechbar sein und fordere deshalb von der Landesgeschäftsstelle eine eigene E-Mail Adresse.

Frage: Naja, dann erst mal danke für das Gespräch und wir sind gespannt auf Ihre Kolumnen.

Politik im Allgemeinen

Alltag und Routine bestimmen auch in der Politik das Geschehen. Auch das will betrachtet sein.

Es ist schon alles gesagt worden, aber...

Hin und wieder treibe ich mich auf Veranstaltungen herum, die einen eindeutig politischen Charakter haben, gleichwohl aber Amüsement versprechen: zum Beispiel Mitgliederversammlungen, Diskussionsrunden oder Grundsatzdebatten. Letztere sind in der Regel Bestandteile der zuvor erwähnten Veranstaltungen. Mit dem letzten Satz bin ich dann auch schon im für diese Geselligkeiten üblichen Sprachmodus. Grundsatzdebatten werden meist geführt, weil irgendwelche Teilnehmer den Antrag darauf stellen, dies wahrscheinlich weil sie kein gemütliches Zuhause haben und unbedingt die Sitzung verlängern wollen. Vielleicht wollen sie auch zu Hause Heizkosten sparen. Im Übrigen versprechen diese Events, sofern sie nicht zu lange dauern, oft einen hohen Unterhaltungswert. Man muss nur genau hinhören, besonders auf die Beiträge der männlichen Teilnehmer, die sich ja oft gerne selber reden hören und meinen, nur durch mindestens einen Wortbeitrag ihre Daseinsberechtigung auf diesen Veranstaltungen behaupten zu können.

Jene Redner haben durchaus eine Botschaft, die lautet meistens ganz einfach: ICH! Böse Zungen nennen das „Revier auspinkeln". Ein typisches Beispiel ist: „Ich möchte mich voll und ganz den Ausführungen meines Vorredners anschließen und besonders den letzten Satz seiner Darstellung noch einmal hervorheben." Rhetorisch ist das klasse, man muss sich nicht mehr um einen eigenen Standpunkt bemühen, den hat besagter Vorredner ja bereits kundgetan und hat trotzdem selbst etwas gesagt. Gut ist auch immer das sogenannte Name-Dropping: „Wie schon der Politologe Peter Yxantipolouses (1) sagte...", keiner weiß, wer das ist, aber das traut sich niemand zu sagen, denn dann outet man sich ja als unwissend, was gar nicht geht. Selbiges funktioniert auch mit tatsächlichen, real existierenden Geistesgrößen. In dem Fall sollte man sie aber kennen und wissen, was wann in welchen Kontext gesagt wurde, sonst steht man bei Nachfragen ziemlich dämlich da. Blöde dagegen klingt: „Es ist schon alles gesagt worden, aber ich möchte die Ausführungen meines Vorredners gerne wiederholen..." Ja, wenn schon alles gesagt worden ist, dann halt doch den Mund.

Ich frage mich ja immer, woher nehmen diesen Menschen, meist sind es, wie gesagt, Männer, in der letzten Zeit aber auch zunehmend Frauen, das müssen wir (Frauen) selbstkritisch zugeben, diesen geradezu unheimlichen Drang zur Selbstdarstellung? Ist das so eine Art missionarischer Narzissmus oder ein Kampf um die Stelle des Leithammels? Oder doch nur der

Tipp des Therapeuten, durch Wortbeiträge, egal wo, das Selbstbewusstsein zu erhöhen, nach dem Motto: Nur wer mitredet ist auch wer.

(1) Nachschlagen sinnlos, den Herrn gibt es nicht, er ist frei erfunden.

Aus dem geheimen Tagebuch eines Politikers

Mir wurden Tagebuchaufzeichnungen eines hochrangigen Angeordneten zugespielt, die Einblick geben in die Arbeit von Politikern, insbesondere vor den Wahlen. Dieses „vor den Wahlen" fängt Monate vor der eigentlichen Wahl an.

Aus dem Tagebuch eines Politikers
Meine Mitarbeiter haben mir gesagt, es gäbe da ein Problem, dem ich mich zu widmen hätte. Wenn meine Mitarbeiter sagen, wir haben ein Problem, dann haben wir eines. Sie schauen sich stets und ständig in meinem Umfeld um, und nicht nur dort, ob es etwas zu tun gibt und dann tun sie. Und manchmal muss eben auch ich tun.

Und nun haben sie also mal wieder ein Problem gefunden, um das ich mich kümmern muss, oder sie sich. Angeblich ist es so schlimm, dass meine Wiederwahl auf dem Spiel steht. Die Bürger würden mich nicht mehr wollen. Ich wäre nicht engagiert genug, würde keinen klaren Aussagen treffen. Aber das stimmt nicht und sie müssen mich auch wiederwählen, ich bin doch ihr Abgeordneter - und ich kann auch gar nichts anderes. Wo soll ich denn hin, wenn ich nicht mehr ins Parlament gehen kann?

Wir haben zu wenig Wohnungen, zu viele arme Rentner, die Fahrten mit dem Bus sind zu teuer, in den Krankenhäusern fühlt sich keiner mehr sicher und die Lehrer klagen über zu viele Schüler, die noch nicht einmal gut vorbereitet in den Unterricht kommen. Ob das alles so stimmt, oder meine Mitarbeiter da mal wieder ein wenig übertreiben, weiß ich nicht. Ich kriege das ja nicht so mit. Um die Kinder kümmert sich meine Frau, meine Mutter lebt im Seniorenheim, und krank bin ich selten, aber ich fahre ja auch regelmäßig in die Kur. Sollten die anderen auch ruhig mal machen.

Meine Mitarbeiter haben gesagt, dass ich wohl doch mehr Profil zeigen, deutlich machen müsse, wofür ich stehe und wofür ich kämpfe. Da hätten die Bürger schon recht. Wer sind diese Bürger eigentlich? Ich müsse nachdrücklich zeigen, dass ich an der Seite der Bürger meiner Stadt stehe, einer von ihnen bin, sie verstehe, ihre Sorgen auch meine sind. Gefällt mir, schön hat meine Mitarbeiterin das gesagt. Sie findet immer so zu Herzen gehende Worte. Meine männlichen Mitarbeiter sind immer so sachlich und mir scheint, auch scharf auf meinen Platz im Parlament. Da muss ich aufpassen.

Sie, meine Mitarbeiter, haben sich überlegt, dass wir uns, oder besser: ich mich für den sozialen Frieden in unserer Stadt stark machen soll.

So soll es sein. Künftig stehe ich dafür ein, dass alle ein gutes Auskommen haben und auch im Alter abgesichert sein sollen, ständig überall mit unseren städtischen Bussen hinfahren können, bei Krankheit gut versorgt werden und die Kinder sollen in der Schule viel und ordentlich lernen. Wir müssen dazu eigentlich nur alle zusammen halten und so etwas wie eine solidarische Einheit bilden. Wenn wir alle eine gesetzlich verankerte solidarische Einheit bilden und ich betone: eine <u>gesetzlich</u> verankerte Solidarische Einheit, werden all die Probleme sicher von ganz alleine verschwinden, denn einer steht für den anderen ein. Wenn nicht, wird das eben gerichtlich geahndet. Wir werden also eine Sozialreform fordern, zuvor ein Kompetenzteam bilden, in dem die Reform mit allen nötigen Flexibilisierungsmöglichkeiten ausgearbeitet wird. Es wird sozial gerecht und ökonomisch sinnvoll sein. Das sind wir den Wählern schuldig, denn wir müssen auch an die nächste Generation denken. Und damit sind wir die einzige Partei, die so umfassend sozial denkt - und ich, ja ich bin der Motor dieser Idee.

Wenn wir es so angehen, wie ich es anstrebe und meinen Wählern nahelegen (meine Mitarbeiter sollen dazu doch bitte schnellstens einen entsprechenden Antrag vorbereiten, den kann ich dann noch nächste Woche im Parlament einbringen), dann werden wir die Lage bald wieder im Griff haben. Wir unterliegen da auch gewissen Sachzwängen, denen auch die Opposition sich nicht entziehen kann.

PS: Wer sich angesprochen fühlt, ist selber schuld

Benimmregeln

Neulich war der Tag der Seniorinnen und Senioren, gefeiert mit viel Brimborium. Aber keiner redet darüber, wie es wirklich ist, alt zu werden. Wann es so weit ist, das mit dem Altwerden – gibt es dafür deutliche Anzeichen. Ich zum Beispiel war neulich auf einer Demo und skandierte lauthals die gängigen Parolen mit. Da kann man mal so richtig aus sich rausgehen. Es war eine linke Demo, nicht dass hier jemand denkt, ich wäre versehentlich im falschen Lager gelandet. Und da tippt mir doch von hinten so ein junger Mann mit schwarzen Tuch vor dem Mund, was er dann höflicherweise herunterzog, auf die Schulter und meinte: „Ich finde es ja immer ganz klasse, wenn ältere Frauen sich engagieren, Meine Oma würde das nie tun." Und das war wahrscheinlich auch noch nett gemeint. Ich gebe zu, es hätte nicht viel gefehlt, und ich wäre ihm an den Kragen gegangen.

Junger Mann, lass dir gesagt sein, so etwas darfst du denken, aber niemals sagen. Wir wissen, dass wir alt sind, aber das muss nicht auch noch ständig betont werden.

Weitere Bücher von Sabine Bomeier

Lisbeths Traum

Lisbeth hatte einen Traum. Sie wollte groß hinaus, eine kultivierte Dame werden. Das war nicht so einfach in den fünfziger Jahren des letzten Jahrhunderts. Die Moralvorstellungen waren streng und eine eigene berufliche Karriere für die meisten Frauen weder erreichbar noch vorstellbar. Aber Lisbeth meinte, in Kurt den Mann gefunden zu haben, der sie aus dem engen Milieu ihres Elternhauses entführen würde. Zunächst schien auch alles ganz nach ihren Wünschen zu verlaufen. Aber diese Ehe entwickelte sich anders als sie es sich erträumt hatte. Kurt zeigte mehr Interesse an der gemeinsamen Tochter als an seiner Frau. Aber Lisbeth wollte sich dadurch ihren Traum nicht zerstören lassen. Es würde schon alles nicht so schlimm sein, wenn man nur darüber schweigen würde. Sie schottete sich von der Welt ab, zog sich in eine Traumwelt zurück und meinte, in der Tochter doch noch ihre eigenen Wünsche wahr werden lassen zu können.

Momente im Frauenknast

Das Buch gibt anhand von Erlebnissen von inhaftierten Frauen Einblicke in eine Welt, die den meisten Menschen verschlossen ist, dem Alltag in einer Frauenhaftanstalt. Dabei geht es nicht um die begangenen Taten, sondern um das Leben hinter Gittern.
Die Filze der Zellen, der monatliche Einkauf - was draußen so einfach ist, muss hinter Gittern immer wieder neu organisiert werden. Die einen versuchen an Drogen heranzukommen, die anderen wollen sich eine Perspektive nach der Haft aufbauen und tragen schwer an ihrer Schuld. So verschieden sie auch sind, das Verhältnis der Frauen untereinander ist oft von Wärme und gegenseitigem Verständnis getragen, auch wenn der Umgangston oft rau ist. Allen gemeinsam ist eine schwierige Vergangenheit.

Er hat es wieder getan
In zehn Episoden wird aus dem Leben von Frauen berichtet. Natürlich geht es dabei vorwiegend um die Liebe, die aber für die hier beschriebenen Frauen selten glücklich endet, vielmehr sind es Beispiele, die zeigen, wie Beziehungen Frauen dazu verleiten, sich klein zu machen und nur mit Mühe entkommen sie manchmal den Fängen der Männer.
Da ist zum Beispiel Kerstin, die immer wieder von ihrem Mann geschlagen wird; oder die Frau im Büro, die so gerne mehr Kontakt zu ihren Kollegen hätte. Und da ist Svenja, die von ihrer Jugendliebe nicht loskommt; Martha fügt sich in ihr Schicksal und ist froh, überhaupt „jemanden abbekommen" zu haben. Lena hat einen jüngeren Liebhaber, aber glücklich ist sie nicht mit ihm, ebensowenig wie dessen verwöhnte Frau Lucy, die sich vor sich selber ekelt. Nicht zuletzt ist da aber auch das kleine Mädchen, das vom Vater allzu sehr geliebt wird.

Liebe hinter Gittern

Liebe macht auch vor dem Knast nicht Halt. In kurzen Episoden werden die Erlebnisse von Knackis mit der Liebe geschildert, mal mit gutem Ende und mal mit einem traurigen. Kleine Dinge wie ein Blumenstrauß lassen den an sich tristen Knastalltag plötzlich bunt erscheinen aber wenn er draußen eine andere hat, bricht für sie hinter Gittern eine Welt zusammen. Eine Frau verliert ihren jungen Geliebten an die Drogen und Jutta und Susanne fallen auf pure Aufschneider herein. Und einige finden in einer glücklichen Ehe zusammen. Liebe ist auch im Knast so vielfältig wie in der freien Welt, aber immer spannend.

www.ingramcontent.com/pod-product-compliance
Lightning Source LLC
LaVergne TN
LVHW092051060526
838201LV00047B/1340